箱根5区

佐藤 俊

徳間書店

はじめに

「2区はエース投手、5区は捕手だ」

指導歴35年、第100回大会を区切りに監督を勇退し、箱根駅伝の生き字引といわれる神奈川大学の大後《だいご》栄治前監督は、箱根の区間を野球のポジションに当てはめて、そう語る。

捕手は2区のエースを助けられる存在であり、ほかの区間の選手のミスも補うことができる。急勾配を駆け上がる（特殊区間）専門職であり、そのできがチームの勝敗に大きな影響を与える、チームの要になる存在である。

毎年、箱根駅伝の前には各大学の監督や選手に取材する機会が増える。

今年は、どんな駅伝になりそうなのか。誰をどの区間に配置し、どういう布陣で勝負をかけてくるのか。お互いに腹の探り合いみたいな攻防が展開される。

「山は、どうですか」

その質問に明るい表情で反応する監督からは「準備万端」が読み取れる。

一方、表情を変えず、言葉が少ない監督は、思うような山対策できず、そこに言及されたくないか。秘密兵器を読まれたくないか。もしくは5区か8区か、どちらに置くか悩んでいるか。多くはこのどれかに当てはまる。

基本的に前年に好走した5区の選手がいれば、継続での起用が濃厚になる。選手もその自覚をもって1年間を過ごし、5区について発言しているので読みやすい。

ただ、絶対的な選手が不在の場合、5区は悩みの種になる。

たとえば、前年に失敗した選手の場合、たんに「ブレーキ」ですませてしまうと、同じ轍を踏む可能性が高い。レース前の調整がうまくいかなかったのか、ペースはあれで良かったのか、選手の能力を見誤ったことはなかったのか、など検証が必要だ。

しかも、この場合は、選手のメンタルにも大きな影響を及ぼす。目立つ区間ゆえに、ブレーキの衝撃波は選手の心理面に大きなダメージを与え、SNSなど外部からの誹謗中傷によって傷が深刻化する。

かつて青山学院大学の竹石尚人は、ヤフーを見ると、「竹石ブレーキ」でトレンドに入り、2カ月くらいマスクを外して外を歩けなかった。「おまえのせいで負けた」と、直接言われずとも、そう責められていると感じてしまう。他区間でブレーキになっても、ここまで苦しみ、他人から責められることはないだろう。5区の敗者は、自分だけではなく、チームの敗因までも背負うことになるのだ。

だが、すべてが悪い方向へ流れるわけではない。

5区で敗れたあと、悩み、苦しんだ経験は、もうこれ以上のものがないと思うほど苛烈なものだった。それがあるからこそ、それ以降はどんな苦しいことにも耐えられるし、ポジティブ

はじめに

に人生を歩んでいける。

1月2日、テレビでは、5区で前を必死に追う選手、抜かれて落ちていく選手、それぞれの苦しそうな表情が映し出される。

走るという原始の姿がそこにあり、人間の本能がむき出しになる。

彼らは、どんな覚悟で坂に臨んでいるのか。

彼らは、どんな気持ちで上っているのか。

勝者は、なぜあれだけ走れたのか。

敗れた者たちには何が見えたのか。

その後、両者はどんな人生を歩んでいくのか。

チームはもちろん、個人としてもいろいろなものを背負って山を上る彼らは、ランナーというよりも、単独でエベレストに向かう「冒険者」のようにも見える。

トップで走った選手が見た箱根の山は、その選手だけ目にすることができる特別なものらしい。「山の神」といわれた人間たちは、みなそれを見てきた。

その景色を見るために、また新しい冒険者が今年も箱根の山を上る――。

目次

第3章 魔物が住む山

第4章　同郷の神に憧れて　107

第5章　山のDNA　143

第6章 紙一重の歓喜 179

第7章 新たなる「山の神」 235

特別鼎談 僕たちと箱根5区 261

第1章

「山の神」誕生前夜

突然の5区指名

今井正人が、東京箱根間往復大学駅伝競走（通称・箱根駅伝）で「初代・山の神」になる発端になったのは、順天堂大学1年の夏、北海道・士別合宿でのことだった。

ウォーミングアップがてら士別陸上競技場まで、今井は同期の3、4人と一緒に走っていると、その後ろから電気自動車に乗った澤木啓祐総監督がきて、横で止まった。

「おまえが5区だ」

そう言って、去っていった。

「えっ今、誰に言った?」

「今井、おまえじゃーねーの?」

「いやいや俺じゃない、おまえだろ」

同期の間で大騒ぎになったが、すぐに今井が指名されたことが明らかになった。

「あのとき後ろから見ていて、膝の使い方や走り方の特徴から、山の適性があると見抜かれたようでした。でも、1年のときは最終的に5区じゃなかったんです」

2004年に行われた第80回箱根駅伝で、今井は1年生ながら2区のエース区間に配置された。1区が出遅れ、18位で襷を受けた今井は、スタートからエンジンがなかなかかからなかった。

「最初の10キロが29分50秒くらいだったんです。その間、19位まで落ちてしまって。緊張感があって、なんか雲の上を走っているみたいにフワフワして全然ペースが上がらなかった。そのとき、後ろから国士舘大学の坂齋《さかさい》亨《とおる》さんが来られたのですが、ついていけなかったんです。その後、やっとエンジンがかかり権太坂《ごんたざか》あたりからリズムが良くなり、自分の足で走れている感があって、前との距離が詰まってきたんです」

　権田坂から下って最後の戸塚の壁を越えていくラスト3キロメートルで、今井は4人を抜いて区間10位、12位で襷を渡した。

　レース後、今井は澤木総監督から厳しい表情で、こう言われた。

「2区で、最初の10キロを29分50秒で入ったやつを初めて見た。でも、後半は区間3位じゃないか。後半あれだけ順位を上げて走れたんだから、前半、なにトロトロ走ってたんだ。もったいないな」

　今井が下をうつむいて聞いていると、澤木総監督は最後にこう付け加えた。

「後半の走り、とくに上りの走りは良かったぞ」

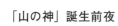

このときの走りがフックになり、大学2年時、今井は5区に置かれることになる。

2区の坂で強さを見せたのは、小学校のときから磨かれてきた体幹と、両親と恩師の教えがあったからだ。

今井の故郷は、福島県相馬郡小高町（現・南相馬市）だ。地元では「相馬野馬追祭り」が開催されるが、その馬場の裏が公園になっており、クロカンコースのようになっていた。高校での基本的な練習はそこを走り、その1周1キロのダートコースを15周するなどして体幹を鍛えていった。

また、つねづね両親からは、「きついところで勝負をかけろ」と言われ続け、高校時代の恩師からも、「きついところでいける選手が強い選手だ」と言われてきた。

「両親や先生からそう言われて育ってきたので、きついところを自らいくのは癖みたいになっていました」

当時、部内では5区は人気薄で5区をあからさまに嫌う選手もいた。だが、今井は監督にいわれるまま、ポジティブな気持ちで5区を受け入れた。

「5区だと言われてからは、腹を括りました。2区のエース区間で4年間、走りたい気持ちもありましたが、チームが勝つことが大事ですし、与えられた区間で自分の力を発揮することが自分の仕事だと思っていたので」

11月の全日本大学駅伝（秩父宮賜杯全日本大学駅伝対校選手権大会）を終えると、体を「山仕様」に変えていった。順天堂大学さくらキャンパスにある坂で練習をこなし、前傾の取り方や膝の使い方を山に合わせていった。そのときも、それからもそうだが、今井は万全の準備をして、レース前日を迎えた。

山の神の誕生前夜だった――。

閉塞感を打ち破るキッカケ

２００７年、第83回大会、小田原中継所。

東海大学がトップで山に向かい、その後、東洋大学、日本大学、早稲田大学が続いた。今井が襷を受けたのは5位、トップの東海大学とは4分09秒もの差があった。

今井がスタートし、その2秒差で飛び出していったのが、日本体育大学の北村聡《さとる》だった。今井は、表情を変えずに出走したが、内心は微妙だった。

「イヤでしたね。北村君はひとつ下の学年でしたが、このときの5区のなかでいちばん強いのがわかっていたので、一緒にスタートしたくないと思っていました。僕はこれまでの経験から、自分のリズムさえ刻んでいけば問題なく山を走れると思っていたのですが、強い選手が近くにいると、自分のリズムを乱されてしまうと思ったんです」

今井の不安をよそに、北村はペースを上げて300メートルほどで追いついて並走を始めた。今井の隣で熱く闘志を燃やしていた北村は、こう振り返る。

「相手は2年連続で5区区間賞の絶対王者ですからね。まずは今井さんについていこうと思っていました。そのほうが楽ですし、引っ張ってくれると思ったからです。最後まで今井さんについていって1秒でも勝てば区間賞だと思っていたので、下りまでついていく。下りのスピードは自分のほうがあるので勝てると思っていました」

北村は、そのまま今井の後ろにつかずに並走をした。普通ならば後ろについて、相手を風除けにし、省エネで走るのがセオリーだ。だが、このとき、あえて後ろにつかず、今井の隣に居座った。

「最初のほうは余裕があるし、自分は負けん気が強かったですからね。今井さんには絶対に負けたくない。今井さんが出した記録（78分30秒）を抜いて、自分が区間新を出してやろうと思っていたんです」

今井は、自分の隣にいる北村の表情や息遣いを気にして走っていたという。

「このときはペースを上下させるというよりも、いつもよりもギアを入れて、少しペースを速めていました。ゆったり走るという感じではなく、攻めながら、でも、攻めすぎずという感じです。そのあんばいが難しいのですが、そのギリギリを意識していました」

今井は、ペースを上げている状態で、自分についている北村を見て、「そんなに楽ではないだろうな」と感じていた。上りは、自分のリズムで上がっていくことがなによりも重要になる。並走しても基本的には人のリズムで走ることになり、歩幅もそれぞれ違うので、言うほど簡単ではないし、楽ではない。

だが、なにかアクションを起こしたらすぐに反応できるようにと、まるでランニングデートをしているかのように隣から離れない北村に、「さすがに力があるな。これは油断できない」と、今井はあらためて気を引き締めた。

「過去二度、5区を走ったときは、展開的には相手を抜いて、抜かれた人が少しついてくるということはあったんです。でも、このときのように、競っていくという展開は初めてでしたし、しかも相手は強い北村君。ただ、競った流れのなかでも慌てず、淡々と自分のペースでいけたのは、前回とは異なり、自分に自信があったからです」

大学3年のときの箱根駅伝は、今井はドン底からの出走だった。

4月に右足腓骨の疲労骨折で戦線を離脱し、9月末に同じ個所を再度、疲労骨折した。二度目の骨折で箱根駅伝が絶望になりかけたが、間に合わせるために毎日プールに通い、バイクを漕ぎ、補強のトレーニングを続けた。ポイント練習に復帰したのは、11月下旬だった。だが、痛みが微妙に続き、「もう間に合わないかもしれない」と落ち込んだ治療の帰り、東京・新宿の紀伊國屋書店にふらっと立ち寄った。

「基本的に活字が苦手なので、本にふれる機会がほとんどなかったんです。でも、たまたまフラッと書店に入って手にしたのが、斎藤茂太さんの『いい言葉は、いい人生をつくる』という本でした。おもしろそうだなと思い、初めて自己啓発本を買ったんです。帰りの電車のなかで、それを読んだら気持ちがスーっと楽になって、こういうマインドでいこうと決めたんです。そしたら次の日の朝、足の痛みが消えていました」

1カ月間、治療しても取れなかった痛みが、かさぶたが取れるように消えていた。ネガティブな考えではなく、ポジティブな言葉を発することで良い運気やプラスの人が集まってくる。本に書かれたとおりになり、気持ちの持ち方で何かが変わることを実感し、箱根を走ることに前向きになれた。

また、2006年のこの大会から5区の距離が23・4キロメートルに伸びたことも、今井としては「ラッキー」だととらえていた。

前年と同じ距離ならば、そのときとタイムを比較されるが、距離が伸びたことで昨年の自分と比べなくてもいいんだという安堵感があった。とはいえ、練習が十分に積めておらず、雨が降っていたこともあり、「石橋を叩いて、叩いて上ったらちゃんとゴールできた」という我慢のレースになった。

大学4年になり、主将になったシーズンは一度もケガをすることはなく、箱根駅伝まで順調に練習を積むことができた。

4年間で初めてのことで、スタートラインには、「去年の自分よりも絶対に上だ」という確信と自信をもって立てた。それだけに、宣戦布告してきた北村の好戦的な走りに対して今井は、「負けるわけにはいかない」と、闘志をたぎらせていた。

お互いの意地とプライドが火花を散らすような競り合いのなか、2人は2・58キロメートル地点の鈴廣かまぼこの里の駐車場で、早稲田大学の駒野亮太を捉えた。

今井という存在を超えるために

駒野は、ドキドキしながら小田原中継所で待っていた。

スタートラインに立つ自分の隣には、今井と北村がいた。北村は同期で、1年時にともに5区を走ったときから意識していた。

「北村君は、高校のときにカナダで開催された世界ユース選手権に一緒に遠征したことがあったので、よく知っていました。彼は松岡佑起君、伊達秀晃君、上野裕一郎君とともに『四天王』と呼ばれていて、1年のとき、北村君と同じ区間を走るとわかったときは緊張もしましたが、どこまで渡り合えるのか楽しみでもありました」

今井のことも、まだ区間記録を出す前だったが、よく知っていた。

「今井さんは、原町高校時代からすごい選手だというのは知っていましたし、1年で2区を走っていたので順天堂大学のエースということも認識していました。今井さんが5区にエントリーしているのはわかっていましたが、そのときは今井さんも走るんだなというくらいにしか思っていませんでした」

初陣となった2005年の第81回大会の5区で、駒野は今井の激走を目にすることになる。このときは、小田原中継所でトップの東海大学と6分13秒差の11位で襷を受けた。ポイントごとのタイムやコースは頭のなかにしっかり入っていた。気持ちを奮い立たせてスタートすると、すぐに沿道の両側から「早稲田がんばれ！」「駒野、いけー！」と大声援の波に飲み込まれ、頭の中がかき乱していった。

すると、設定タイムやコース情報などすべてが吹っ飛んだ。「ふわふわした状態」になり、地に足がつかない走りになってしまった。

44秒差でスタートした今井に抜かれたのは、5・70キロ地点だった。

「そのころは、体がまったくついてこなくて。半分意識が朦朧《もうろう》としていたので、今井さんが抜いていったこともよくわからなかったんです。とりあえず速い人が抜いていったなという感じでした」

下りになっても切り替えができず、ただ転がっていく感じだった。1時間15分36秒の区間12位。設定タイムよりも1分以上も遅く、不完全燃焼に終わった。

駒野は悔しさを噛《か》みしめるのと同時に、驚きのニュースを耳にした。今井が区間新記録を出したのだ。

「まさか69分台で走るなんて。本当ですかと、何度も聞き直しました」

この惨敗の悔しさを晴らし、今井と勝負できるところまでレベルを上げていく。そう思って大学2年のシーズンを迎えたが、意気込みが空まわりしてしまい、春合宿でケガをした。焦りから故障と復帰を繰り返してコンディションが上がらなかった。箱根予選会では大学1年のときのタイムも下まわり、「歯車が嚙み合っていない」のを痛烈に感じた。その後、左足の疲労骨折が判明し、出走を断念。箱根駅伝の本戦では応援にまわった。

距離が23・4キロメートルに延びた第82回大会でも今井は区間賞を獲り、圧倒的な強さを見せた。

「今井さんは、もう雲の上の存在でした。でも、3年目は今井さんと勝負できる最後の箱根になる。もう一度、一緒に走りたかったので、来年は自分が5区を走るんだという強い気持ちでシーズンに入りました」

大学3年時はトラックシーズンで好調を維持しつつ、積極的に距離を踏み、23キロメートルを走りきれる体づくりを進めた。前向きな気持ちでトレーニングに集中できたのは、2年生の終わりに参加したコニカミノルタの春合宿で刺激を受けたからだった。

「当時、ニューイヤー駅伝（全国実業団対抗駅伝競走大会）で2連覇を達成していた、いちばん強い駅伝チームの合宿に参加させてもらったんです。3部練で、朝から90分走って、午前中のポイント練習をこなし、さらに午後練習は120分走るような人が何人もいました。坪田智夫（法政大学監督）さん、松宮隆行（愛知製鋼コーチ）さんの練習の様子を見たり、ご飯を一緒に食べたりするなかで、陸上に対する意識とか姿勢について話を聞かせてもらったんです。そこで自分の競技に対する姿勢がガラリと変わって、5区でリベンジするぞという気持ちで取り組んでいくことができた。自分にとっては、この合宿が大きなターニングポイントになりました」

意識が変わると行動が変わり、競技に集中することができた。

秋の箱根駅伝予選会では、チーム内トップ、全体で3位という好成績でチームを本大会に導いた。これだけ走ればエース区間の2区を始め、平地区間での起用の声も出てくる。ほかの選手は、渡辺監督から大会前にいくつかコースの下見をしてくるように言われていたが、駒野はもう決まっているかのようになにも言われなかった。

「春からずっと調子が良かったですし、上りの適性もあった。渡辺さんは、5区以外の起用は考えていなかったんだと思います。僕も5区以外は頭の中になかったですね」

駒野は、渡辺が5区を重視し、こだわっていたのは、第82回大会の結果が大きいのだろうと推察していた。このときの駒野は故障で出走できず、もう1人の候補の藤森憲秀もケガで出走できなかった。急遽、5区に入ったのは駅伝主将の高岡弘だったが、区間9位、チームも総合13位に終わり、シード権を逸した。

「このとき、渡辺さんは、急造の5区では全然太刀打ちできないと痛感したのだと思います。5区は上るうえにいちばん距離が長く、『マラソンを走るくらいの体力をつけないとダメだな』と口癖のように言っていたんです。僕は、コニカさんの合宿に参加して以来、普段のジョグのペースを60分から90分に増やし、距離に対する不安はありませんでした。そういう姿を見て、僕を5区に置いたのかなと思います」

順調に練習をこなしていたが、ある日、足に違和感を覚えた。少し抜けるような感覚があり、足に力が入らない。箱根までの大事なポイント練習も数回飛ばしてしまった。最後まで十分な練習が積めないまま、箱根の山を上らざるをえなくなった。

「無事に上がれるのか、正直、かなり不安でした」

スタートして、後ろから息遣いが聞こえ、誰かが近づいてくるのを感じた。今井と北村だというのは、すぐに察した。小田原の時点で6秒の差しかなく、いずれ2人に追いつかれるだろうと覚悟はしていた。

「2人が来たときは、さすが速いなって思いました」

駒野が感じたのは、追いつかれたタイミングではなく、彼らのスピードだった。

「追いつかれたとき、2人がすごく楽そうに良いペースを刻んでいたんです。自分はけっこうがんばっていかないとついていけないペースだったので、このまま序盤で力を使ってしまうとつぶれるなと。たぶん、予選会と同じ調子なら、2人についていけるところまでついていこうと考えたと思います。でも、直前の故障で足に不安を抱えて、爆発したらという不安が大きかったですし、ブレーキしたり、止まったりすると大変なことになってしまう。自重したというか、意図的に離れた感じでした」

運営管理車の渡辺監督からも、「無理すんなよー」という声がかかった。3キロメートルほど2人を追走するも、箱根湯本を越えるところから差が開いていった。

「離れてからは、2人に追いつこうとかいうのはなかったです。1年のときに悔しい思いをしているので、ダメなりにひとつでも上の順位で終えたいという思いでした」

駒野は、そこから粘りの走りを続けていく。芦之湯を越えて、最後の下りに入ってから猛烈な巻き返しを見せることになる。

トップで駆け上がることの責任と意義

鈴廣かまぼこの里の前で駒野を抜いた今井と北村は、お互いを強烈に意識しながら上り始めた。

並走よりも背後についたほうが楽に走れるが、今井は北村の後ろにはつかなかった。

「ここは絶対に引いちゃダメだって思っていました。順天堂大学の主将としての責任がありましたし、エース対決で僕が後ろについたり、負けたりすると復路の走りに影響が出てしまう。僕が引いたら逆に相手を勢いづかせてしまいますし、そもそも人の後ろについて人のペースで走るのは嫌い。ここで前に行かせるわけにはいかなかったんです」

このときの順天堂大学には、復路にも強い選手がそろっており、多少の差であれば十分に逆転できる力があった。だが、駅伝には流れがあり、それが非常に重要になる。流れに乗ると実力以上の力が発揮され、中位くらいの実力でも優勝争いに絡んでくる。ただし、その逆もあり、流れが悪くなると前に追いつけるだけの力があっても、現実には及ばないことがある。

「それが駅伝の怖さ、学生スポーツの怖さでもあるので、僕は2位ではなくて、トップで襷を渡すことにこだわっていました」

今井がトップにこだわる理由は、それだけではない。

「トップで走ることでの優位性はいろいろあります。その区間で能力が高い選手に追いつこうとして無理に突っ込んで入ると、後半、とても厳しくなって、逆に差が開いてくるケースがけっこう多いんです。それにトップで走ると前に中継車がいるので、気分も高まります。カメラに撮られているので、厳しい顔ができない。きつい顔をすると顎や首が緊張してしまい、肩や背中まで引っ張られて走りに影響が出てしまうんです。だから、トップで走るのはすごく大事なんです」

もちろん、トップで走るのは戦略上においても重要だ。

選手層が薄くてもトップで走ることができれば、今井がいう優位性が働くので、落ち着いてレースを運べる。その結果、区間賞がひとつ程度であっても、区間3位から7位くらいにまとめて優勝することが可能になる。

2006年、第82回大会での亜細亜大学は総合力で優勝し、2021年の第97回大会で、総合優勝まであと一歩というところまで迫った創価大学も区間賞はひとつだけだった。だが、往路優勝で勢いに乗って10区途中までトップを走り、勢いに乗ったときの強さ、チームが結束した駅伝力を見せつけた。

今井は、復路の流れをつくるためにも、トップを譲るわけにはいかなかった。

一方、北村は今井の横で時折、表情をうかがいながらレースを進めていた。今井に勝ちたいと思いながらも、きつくなれば背後について引っ張ってもらえばいいと、臨機応変にレースを考えていた。それは今井の考えと真逆の思考で、勝つための割り切った戦略でもあった。2人の5キロメートルのラップは、15分17秒だった。

「予定よりも20秒くらい速いタイムでした。でも、かなり余裕があって、もっと速く入ってもいいくらいでした」

北村は、今井の後ろにはつかなかった。函嶺洞門《かんれいどうもん》を越えても並走が続き、前を行く日本大学を追った。平塚中継所での1分40秒の差がみるみるうちに縮まり、2人は8・33キロメートル地点で、日本大学の阿部豊幸を捕まえた。

背中が見えなくなってからは意識がない

8・3キロメートルを超えた坂の途中だった。「うわー」という沿道の声が阿部の耳に入ってきた。その刹那《せつな》、今井と北村がワープしたかのように背中にいた。そして、そのまま風のようにスーっと2人に抜かれた。

「今井さんと北村さんに抜かれたのはあっという間《ま》でした。でも、そのままついていこうとは思わなかったです。2人ともかなり速かったので、これはついていったらつぶれると思ったからです。5区では、まずは自分の走りに集中すること。そのうえで順天堂大学にどれだけ詰められるかということを監督に言われていたので、今井さんだけを意識していたのですがレベルが違いました」

日本大学は、復路に強力な布陣が控えていた。実際、このあとの復路で6区の末吉翔《かける》（4年）が区間賞を獲り、7区、8区はともに区間3位で順位を上げていくことになる。

阿部は、復路での逆転優勝を狙うため、そして1年目の箱根で経験した悔しさを晴らすために、5区で結果を出すことを自分に課していた。

日本大学も他大学と同じように、箱根を走るために部内競争が激しく続いており、日本大学の箱根駅伝の選考レースになった上尾ハーフに阿部は出場した。

「僕はそこで、1年間のすべてを注ぎ込んで結果を出し、絶対に箱根を走るんだ、という気持ちで出場しました」

調整がばっちりとハマり、63分36秒のチーム内3位で箱根の出走権を得た。

そのとき阿部は、5区を希望していた。高校時代から東北のくりこま高原で合宿を行い、箱根の山のような急勾配の坂で練習していた。スピードよりも持久力、坂に強みを発揮できるタイプだったからだ。だが2006年の第82回大会から、5区のコースが23・4キロメートルになり、順位に大きな影響を与える重要区間になった。

小川聡監督からは、「5区はチームのエースが走る区間。下重《しもじゅう》（正樹）でいく」という話があり、ルーキー阿部の5区はなくなった。

「僕のそのときの実力では5区は無理だなと思っていました。どこを走るのかなと考えていたら、小川さんから8区を任されました。初の箱根で楽しみでしたし、区間賞を獲る自信があったんです。でも、上尾ハーフにすべてを賭けて臨んだせいか、疲れきってしまい、箱根のときも状態が上がらなかったんです。しかも12月中旬に風邪で

1週間寝込んでしまって。小川さんには『3区の福井（誠）が区間2位で63分43秒でいったんなら、おまえもいけるだろ』と送り出されたのですが、その期待に応えられず、区間8位に終わって、かなり悔しい思いをしました」

エースが卒業したのを受けて、「今度は自分がエースになって5区を走る」と強く決意した阿部は、取り組みを変えた。

上りはスピードではなく、体力と体の強さが必要だと感じて、23キロメートルで80分集中して動ける体づくりのために、筋トレを行い、坂で走る量を増やしていった。目標にしたのは下重のタイムだった。11月には下重が5区で出したタイム、80分19秒を超えるめどがついた。阿部は今井との戦いに自信をもち、決戦の日を楽しみにしていた。小川監督からは、嬉しい言葉をかけられた。

「俺の指導者としての人生のなかで、今回くらい優勝を狙えるチャンスはもう巡ってこないかもしれない。おまえは、うちの秘密兵器だからな」

監督の詞に胸が熱くなった。

だが、12月の半ばを過ぎて箱根が近づいてくると、逆にその言葉をプレッシャーに感じるようになった。そのせいか、体やメンタルに小さな異変が起こり始めた。

「2週間くらい前から毎晩、試合が終わった夢を見るようになったんです。『あー、箱根が終わった』と思って起きたら朝で、なんだ、まだ始まっていないのかというのを繰り返していたんです。そうしたら31日の大晦日の朝、高熱が出たんです。たぶん、プレッシャーが極限状態にまで達し、体がおかしくなったんでしょうね。監督と『箱根をどうする』という話になったのですが、座薬を突っ込んで丸1日寝たら1月1日に熱が下がったんです。風邪とかではなく、メンタル的なもので多少リスクはあったんですけど、自分しか5区はいないと思い、レースに臨みました」

小田原中継所では3位で襷をもらった。

日本大学の選手たちは、1区から4区まで想定どおりの走りをした。今井とは1分13秒の差があったが、追いつかれても1分差でついていけたらという計算でいた。

函嶺洞門を過ぎると、並走する今井と北村との差は、25秒ほどになっていた。トップの東海大や2位の東洋大学を追う前に今井たちが迫ってきていたのだが、やはり体調が万全ではないせいか、ピッチが上がらなかった。

「ああ、ここでか」

8・26キロメートル付近で、ついに今井と北村に追いつかれ、先行された。

今井に抜かれると、それまで押し黙っていた不調の波がどっと体の奥から押し寄せてきた。2人についていく気はなかったが、コンディションが良かったとしても、ついていくのが難しいというくらい速いペースだった。

「今井さんが見えなくなって、途中からはあまり意識がなかったんです。沿道の部員に『何秒差です』と言われても、頭の中は『ヤバい』しかなかった。前回、8区を走ったときも僕のところで前を行く亜細亜大学が見えなくなって、優勝をもっていかれてしまったんです。また、自分のところで前が見えなくなってしまう。優勝が遠ざかってしまう。周囲の声や景色とか何も入らないくらいめちゃくちゃ焦っていました」

小涌園を越えたところでは、早稲田大学の駒野に抜かれて、4位に落ちた。

どこを走っているのかもわからなくなり、山の中を浮遊しているような状態で阿部は足を懸命に動かしていた。

偶然の5区から必然の5区へ

今井と並走してきた北村は、函嶺洞門の手前で後ろについた。

「今井さんのペースが速くて、このままいくともたない。今井さんを使って楽にいこうと思ったんです」

冷静な判断ができており、まだ余裕があった。しかし、9・1キロメートル地点で、今井についていくことをあきらめた。

「さすがに今井さんのペースが速すぎた。これ以上一緒にいくと、後半厳しくなると思いました」

今井が前に行くと、徐々に差が開いていった。

「今井さんは、やっぱり強かった。1年のときは後ろから追いつかれて、一気に抜かれ、2年のときは僕が後ろで走っていたので、一緒に走れなかった。3年になって今井さんに勝つためにいろんな対策をしてきましたが、歯が立たなかったです」

北村は、5区に大学3年の1年間をすべて費やしたといっても過言ではなかった。過去の2年間とは異なり、本気で今井に勝ち、優勝したいと思ったからだ。

北村は、兵庫県の西脇工業高校から日本体育大学に進学した。

北村は中学の顧問から、「おまえ、勉強しなさすぎだ、どこも入れないぞ」と言われるなか、陸上で道を開いてくれたのが西脇工業高校だった。高校２年のときに国民体育大会（現・国民スポーツ大会）の５０００メートルで13分45秒86を叩き出し、当時の高校新記録をマークした。上下関係の厳しい高校だが、陸上ではタイムが学年を超えて評価されるので、ストレスなく陸上を続けられた。

「高校のときの陸上は、順調にタイムが伸びたので単純に楽しかったですね。世界で戦いたい、五輪でメダルを獲れるような選手になりたいと思っていたので、箱根は通過点で、それほど重視していなかったです」

北村が意識していたのは世界であり、自ら含めて「四天王」といわれた仲間、松岡佑起（京都産業大学陸上競技部コーチ）、伊達秀晃、上野裕一郎（ひらまつ病院）や、佐藤悠基（ＳＧＨ）、長門俊介（順天堂大学駅伝監督）など強い選手たちだった。

「同期の３人は意識していました。国体やインターハイ（全国高等学校総合体育大会）、都大路（全国高等学校駅伝競走大会）での上位はいつもこのメンツでしたし、そこに勝てる選手はいなかったので。日本体大に入っても彼らを意識しつつ、メインは５００

0メートル、10000メートルで彼らに負けないようにと思っていました」

大学1年のときの箱根は、コースの情報を得ず、ほぼぶっつけ本番で5区を走った。

「そこまで走れたのは、夏合宿で鍛えられたからです。当時の日体大の練習はめちゃくちゃきつくて、たとえば朝練で20キロ、午前練で20キロ、午後練で20キロ。次の日も朝練で20キロ、補強して午後は1000メートルを15本とか。休日のジョグは、海辺のバレないところで先輩と一緒に60分間くらいずっと座っていました。そのくらい毎日きつかった。秋に10000メートルを28分12秒で走り、チームトップだったので、往路の4区までの区間かなって思っていたんです。でも、なぜか別府監督に5区に指名されて、『おまえの走力で何とかせい』と言われたんです。5区に憧れとかなかったですし、適性があったわけじゃない。でも、監督にそう言われたからには、自分の足を信じて走るしかなかった」

4位で襷を受け、何もわからないまま出走した。

別府監督からは、「速く入りすぎるなよ」という指示を受け、その言葉どおり、キロ4分に近いスローペースで入った。もう少しペースを上げていけるが、このまま走れば最後まで足が残っているだろうし、いい感じで走れるだろうと読んでいた。

しかし、初陣となった5区は、甘くはなかった。途中で腕が、そのあとふくらはぎが攣《つ》った。左足が攣ったら右足に重心を変えて走ると以前は走れていたが、それも効かなかった。そのうちに右ふくらはぎも攣り、足がうまく動かせない状態になった。19キロメートル手前で、後ろから軽快に走ってくる足音が聞こえてきた。

集中力が維持できているときは周囲の声は聞こえないくらいだが、このときは体中が攣り、集中力が散漫になっていたので、後ろからの音が良く聞こえた。横を通り過ぎた際、目に入ったのは、茄子紺のシャツだった。

「今井さんでしたが、とてもじゃないけど、ついていけるスピードじゃなかった。抜かれて、ああって感じで秒殺されました。ただ、そのときは今井さんがどうとか、気にしていられなかった。走りきらないとヤバい。そればかり考えていました」

全身が攣ったような状態にもかかわらず、北村は最後まで走り抜いた。区間4位にまとめ、日本体育大学は往路5位になり、総合2位になった。

「区間4位は、微妙な結果です。僕は世界で戦うことを考えていたし、高校のときから駅伝で区間賞を獲るのは当然だと思っていました。今井さんがいたにしろ、区間賞を獲ることにもっとこだわっていく走りをすべきだと反省しました」

大学2年になり、1年目の5区の経験から足などが攣らないように、ミネラルを補給したり、みそ汁ににがりを入れたりして体質の改善に努めた。体も筋肉も硬かったので、ストレッチの時間を長くした。だが、春先にオーバーワーク症候群になり、夏まで風邪を引き、めまいと吐き気が止まらなくなった。

箱根は「走れるならどこでも」という気持ちでいたが、別府監督は5区を北村に託した。区間5位とまずまずだったが、走るからには区間賞を目指す北村にとっては悔しさしかない2年目の箱根だった。

二度の悔しさを抱え、大学3年になったとき、北村の意識が変わった。

後輩を育成してチームを強くし、先輩に優勝してもらいたいという気持ちが芽生えた。別府監督には自ら、「5区を走りたい」と伝えた。

「意識が変わったのは上級生になったからですね。1年のころは、オラオラ気質で同期を含めて友人とか全然いなかった。弱いやつと付き合っても意味がない、箱根なんて200人も走れるんだからたいしたことないし、通過点だ。俺は世界を目指すんだって、めちゃくちゃ上から目線でいたんです。でも、3年になったとき、不思議と先輩と後輩のためにと思えるようになったんです」

それまでは先輩たちにロングジョグを誘われても、北村は「大丈夫です」と断り、いっさいやらなかった。3年になって、4年の先輩と一緒に走るようになり、やがて後輩を連れていくようになった。また、足が攣る対策として着圧のあるハイソックスを起用した。第82回大会でも黒のハイソックスを履き、翌年も着用して〝ハイソックス北村〟と称され、それが代名詞のようになった。綿密にコース戦略を練り、山での練習ではつねに5区をイメージして黙々と走り込んだ。

「頭にはいつも今井さんの姿がありました。今井さんは2年のとき、5区を走って鮮烈なデビューをしたじゃないですか。3年のときも区間賞を獲り、最後の箱根も5区を走るということは当然、区間賞を狙ってくる。ここで勝てばランナーとして本物になれるじゃないですか。なんとか今井さんに勝ちたいと思っていました」

ただ、5区を走るからこそ、今井の強さを身に染みて感じていた。

箱根駅伝の取材の際、日本テレビのアナウンサーから取材を受けた。5区区間賞の手応えについて聞かれたとき、北村は今井についてこう答えた。

「いや、神がいるんで。本当、今井さん、マジで速いんで。神、降りてますよね」

このときの答えがベースとなって、第83回大会の往路優勝の瞬間にあの名言が生まれることになる。

9・5キロメートル地点になると、今井の姿がどんどん遠くなっていった。

「ここで無理に今井さんについていくとリズムが狂い、坂の後半に苦しむことになる。ここは一度、離れて、自分のペースを刻んでいったほうがいいと思いました。僕は、下りが得意だったので、今離されてもそこで今井さんの姿が見えるところまで行ければいい。後半、今井さんがどうなるかわからないじゃないですか。今井さんに追いつくことをあきらめずに、後半での勝負を考えて走っていました」

北村は、最後の下りに一縷《いちる》の望みをつないでいた。

第2章

「山の神」降臨

風のように抜き去られた

大平台を、今井正人は走っていた。

北村と阿部を突き離して前を追った今井は、ここ大平台で、2位を走る東洋大学の釜石慶太を8秒差まで詰めた。

少し前を走る釜石は、沿道の反応から、後ろに今井が迫ってきていると察していた。

「スタートしたときは、トップを行く東海大学の石田和也さんと同じくらいのタイム、目安としては81分台で行ければと思っていました。ただ、後ろに神がいたので、この差だといずれ詰められるだろうとわかっていました。今井さんが後ろから来たときは、静かにサーッと抜かれて。来るぞ、来るぞではなく、風のように抜かれたんです」

ルーキーの目には、中学生のなかに大学生が走っているくらいのレベルの違いがあるように見えた。

釜石は、宮城県の仙台育英学園高校から東洋大学に進学した。都大路を制するなどの経験から、箱根駅伝の強い大学に進学したいと考えていた。東洋大学からは、最終的に中央大学に行った梁瀬峰史《たかふみ》、城西大学に行った佐藤直樹に次ぐ3番手として勧誘されたが、佐藤尚コーチの熱心な誘いがあり、東洋大学に進学を決めた。

「高校のときから箱根に興味がありましたし、上りが強いので、5区希望でした。川嶋伸次監督（現・創価大学駅伝部総監督）や佐藤コーチには、山をやってもらいたいという話をいただいていたので、自分も1年目から5区を走るつもりでいました」

釜石が考える5区は、「職人」が走るイメージだった。山の適性をもち、上りの強さを発揮できる選手だけが走れる区間。釜石は走力としてはまだまだ足りないが、山の適性があると自負していた。

実際、合宿での山上りはチーム内でいつもトップだった。「これならある程度、箱根も上れる」と首脳陣の期待を一身に集め、釜石は5区に起用された。

年末、順天堂大学の区間配置が発表された。5区には今井の名前があった。

「そのころ、今井さんは雲の上の存在でした。僕が高3のとき、今井さんが仙台育英学園高校の夏合宿に参加されたんです。そのときに坂を一緒に走ったんですが、まったく太刀打ちできなかった。そのときから今井さんのすごさを感じていましたし、同じ区間で走るときも今井さんは神のような存在だったので、意識をすることはなかったです」

そのときの東洋大学の目標は、「往路で5位内を死守」だった。

その戦略として1区から4区まで、なんとか3位前後の上位を守り、5区の釜石に走りやすい順位で襷を渡す。そこまでが全体の共有意識としてあり、あとは釜石が粘って5位内に入ればOKというシナリオだった。

果たして1区から4区までは奮闘し、狙いどおりの展開になった。小田原中継所で釜石は2位、トップの東海大学とは2分差というポジションで山を上ることになった。

スタート前、川嶋監督からは、「いつもどおりに走れば大丈夫」と言われた。気持ちは落ち着いていたが、ユニフォームについては、佐藤コーチとどうすべきか最後まで悩んでいた。釜石は汗の量が多かった。Tシャツだと最初に汗をかくと濡れて重くなり、上りの際に影響が出てくる。最終的にランシャツ（ランニングシャツ）にするのだが、その決断がのちに思いもしない結果を導くことになる。

スタートしてからは自分のリズムで気持ち良く走れた。沿道から声援が束になって耳を貫いた。「これが箱根か」と気持ちが高揚した。

大平台あたりで後ろがざわざわするようになった。

「今井さんが来たか」

第2章　「山の神」降臨

釜石は、そう察した。

「順天堂大学との差はあまりよくわかっていなかったです。ただ、観衆の感じをみれば、今井さんが来て、みんなそっちに目線が向いているんだろうなって思いました」

今井が山上りとは思えないスピードで背中に迫ってきた。背後に人が来た気配を敏感に察したが、横を一瞬で走り抜けられた。

「今井さんには、1歩もつけなかったです。つかなかったんじゃなくて、つけなかった。もう次元が違いました」

その後、上ってきた北村には、「これ以上離されていけない」と思い、その背中についた。だが、200メートルほどで先を行かれてしまった。

「今井さんも北村さんも、多分、平地ならば多少はついて走れたと思うんです。一方、山はリズムを崩してしまうと、後半、苦しむことになる。でも、抜かれるとどうしても反応してしまうんですよ。今井さんはどうにもならなかったですけど、北村さんのときはついていこうとしてリズムを崩してしまったんです」

どの選手も、上りでは自分のリズムを重視している。選手は呼吸や足音でリズムを取るのだが、箱根駅伝では大観衆の声援の中で走るので、自分が吐く呼吸の音すら聞こえず、自分の足音も耳に届かない。

そのための、今井は、函嶺洞門の中や小涌園前から上の比較的応援の少ないエリアで自分のリズムを確認していた。そのリズムを失うとペースが上がらないまま終わったり、オーバーペースになってスローダウンしたり、ブレーキにつながったりする。

北村に抜かれたあと、必死に食らいつこうと思って走っているときだった。

「あれ、おかしいな。体が動かない」

釜石は、震える自分の体に異変を感じた。宮ノ下を通り、日陰で急勾配が続くなか、かいた汗が冷え、一気に体の熱が奪われていった。そのため、寒さで体が硬くなり、動かなくなった。

「かいた汗が濡れ、体が冷えきってしまったんです。ランシャツじゃなく、Tシャツにしておけばと思ったんですが、それはあとの祭り。寒いし、体は冷えるし、小涌園の手前あたりから意識があまりなかったです」

釜石は、低体温症を発症していた。

3分差あればなんとかなる

今井は2位に上がると、最後の獲物を狙うべく、自分のリズムを刻んでトップの東海大学を追った。

小涌園を越えて、その差は40秒差になり、最後の険しい坂に入った。選手にとっては踏ん張りどころだが、今井は、むしろ嬉々としているようにも見えた。

「僕は性格的に追う展開のほうが燃えるんです。だから、2位でも5位でも後ろで襷をもらうのは、自分にとってはいい条件なんです。僕の最大の武器は、攻めの走り。それは、爆走とかではなく、今の体調でギリギリなところ、レッドゾーンのギリギリのところでせめぎ合う走りができるということです。でも、トップで襷をもらってしまうと、順位のキープを考えて守りに入りがちじゃないですか。そうするとペースが上がらないし、全然乗れないみたいな感覚になってしまうんです」

今井は、最後の標的である石田和也の背中が届くところまで迫っていた。

石田とは同級生なので昔から面識があり、2年連続で6区を走っていたことも知っていた。だが、5区についての情報は耳に入れてなかった。

「僕は、誰でもそうなんですけど、良くも悪くも人に目を向けることがなかった。この選手がこのくらいのタイムで走るとか、石田がどのくらいのタイムをもっているとか、基本的に情報はあまり入れないです。5区の沿道の部員から『ポイント間のラップはこのくらいです』とか、『前と何秒差です』とか言われても耳に入らない。走っていていつも考えていたのは、自分のリズムを守り、最善をつくすということでした」

今井は、自分のペースを刻んで走ることに集中していた。その継続の先に石田が見えてきた。

石田は、カーブが続く道で、ふと後ろを振り返ると中継車が見えた。小田原中継所では東洋大学が2位だったが、ここまで上がってきたのか。それとも今井なのか。気持ちがざわつき、両足が何度もびくびくとして、攣る寸前になっていた。

石田は、両足と自分の背後に言いようのない不安を感じていた。

「16キロを超えたときですかね。一瞬、後ろが見えたとき、東洋大学のシャツじゃなかったんです。今井が来た、やっぱり来たかと思いました」

想定では、今井に追いつかれるにしても最高到達地点を越え、下りに入ってからだと思っていた。そこで追いつかれても下りで逃げきれると思っていた。

だが、16キロメートル地点での接近は、想定外だった。16・8キロメートル地点で今井に並ばれると、石田はまるで息を吐くように、ふうっと今井に抜かれた。

「抜くときって一瞬速くなるんですが、『こいつ、マジで上げやがって』と思いましたね。そこでついていこうとしてもついていけない速さを維持して、ちょっと離れたら自分のペースに戻して、さらに差を広げていくんです。抵抗しようとしたんですが、まったく歯が立たなかったです」

今井の後ろ姿がどんどん遠くなっていった。後輩たちがつくってくれた貯金を維持し、そのまま逃げきって優勝するイメージでいた。だが、それを全部使い果たした。

「4年ですし、今回は自分がみんなのためにと思っていたのですが」

小さくなる今井の背中を見つめながら無力感に苛まれ、みんなに申し訳ないという気持ちで心が泣いていた。

石田は、九州国際大学付属高校から東海大学に進学した。

最初は九州に残り、地元で就職しようと考えていた。陸上部の顧問の先生に、「走れ」と言われ、関東への進学を勧められた。理系希望だったので、工学部で勉強しながら走れる大学ということで、東海大学が唯一マッチした。

「東海大学に入ったものの、箱根駅伝は先輩が走ったときに初めて見たくらいで、それまで全然知らないし、興味もなかったんです。でも、入学すると箱根駅伝はすごい大会なんだというのがわかって、それなら出てみたいと思うようになりました」

練習をしていると、坂では先輩たちについていけた。自分には山上りの特性があると思い、5区への思いを強くした。

「中井祥太さんというひとつ上の先輩がいたんですが、その先輩に『俺は2区を走りたいから、おまえが5区を走れ』と言われたんです。ある日、山のトライアルをしたときに全然走れなくて、『おまえ、ダメだな。俺が走るわ』と言われ、中井さんが5区を走ることになったんです。そのとき、本当に悔しくて。だから、次は自分がという気持ちでいました」

だが、大学2年の箱根で石田が任された区間は、6区だった。

1年のとき、山のトライアルをした際に同時に下りも行った。そのとき、よく走れたのだ。そのころの東海大学は下りが鬼門になっており、担い手がいなかった。そこで白羽の矢が立ったのが石田だった。

「6区に決まったときは、単純に嬉しかったです。初めての箱根は区間10位で、それでもなんとかトップをキープしたんです。でも、レース後のダメージが大きくて、足の裏にマメができるばかりじゃなく、しゃがんだり、階段の上り下りに支障をきたすくらい、ボロボロだった。しかも、往路の朝一番の時間帯なのでテレビを見てない人も多くて、沿道の応援も少なかった。3年時には6区はもういいから平地区間を走りたいとアピールしたんです。でも、『おまえは6区だ』と言われて、がっかりしました」

2006年、第82回大会で東海大学は4連覇中の駒澤大学、今井を擁する順天堂大学と並んで優勝候補の一角にあげられていた。だが、1区、2区が出遅れ、3区を走った1年の佐藤悠基が区間賞で盛り返すも、5区の伊達秀晃（2年）が区間18位と失速し、往路は8位に終わった。往路が終わったあと、翌日のスタートのために宿舎入りした石田は伊達に会った。会うなり伊達は泣き出し、「ごめんなさい」と何度も石田に謝った。

「それを見て、グッときました。伊達はうちのエースで、しかも5区でめちゃくちゃがんばってくれたのに、号泣しながら謝っているんです。『そんなことないから』『明日、俺たちがどうにかするから』って、なだめました。でも、そこで気負ってしまったんですかね。翌日、スタートから突っ込んでしまい、もう地獄でした」

石田も区間17位とブレーキになり、東海大学は総合6位に終わった。

最上級生になった石田は、最後の箱根は同じ区間でリベンジという気持ちはなく、自分が力を発揮できる5区か、ほかの区間で走りたいと思っていた。

「もう6区は本当にイヤでした。だから、練習しているときも下りの途中で『足、攣りました』といって止まり、練習終わりに『下りは無理です』と監督に直訴したんです。そうしたらその1週間後に上りを、伊達と一緒に走ったんです。上りはほぼ同じくらい、『これくらいならいいだろう』ということで、『5区だ』と監督に言われました。たぶん、僕がダメなら伊達が5区、佐藤悠基が2区になったと思うんですけど、僕が5区に入ることで、伊達が2区に入り、佐藤が1区に入る布陣ができたんです」

2007年の第83回大会、この布陣が爆発した。

1区の佐藤がスタート直後から飛び出し、1時間01分06秒の区間新で2位の東洋大学に4分01秒の差をつけた。2区の伊達も区間2位の好走をして、戸塚中継所では2位の東洋大学に4分11秒の差をつけて、大逃げなるかと注目された。

「2区の途中までは、東海大学の寮でテレビを見ていたんです。よしよしと思いましたね。今井との力の差を考え、逃げきるには4区終了時点で3分差があればなんとかなる。4分あれば安全圏と思っていました」

ところが、3区が区間18位と失速し、平塚中継所では2位の早稲田大学に2分13秒差まで詰められた。石田は、ドキドキしながらアップを始めていた。4区の終わり、小田原中継所では2位の東洋大学に2分19秒差、今井とは4分09秒の差をつけ、石田に襷が渡った。

「逃げきれるタイム差をもってきてくれたので、そのまま逃げきって勝つイメージでスタートしました。5キロまでは想定どおりのペースで行けたのですが、そこから上りに入ると気持ちが入ったのか、ペースが速くなってしまった。当時、テレビで解説していた中井祥太さんに、『そこで足、使いすぎだよ』と言われました」

OBの指摘どおり足を使った石田は、大平台、宮ノ下、小涌園と続く坂で、徐々にペースが落ちていった。16キロメートル地点で今井に抜かれて、必死に追ったが、再び彼の影を踏むことはできなかった。

「山の神、ここに降臨」

今井は、トップで芦之湯を抜け、最高到達地点を越えて下りに入った。

ブレーキを解放して下っていったが、途中から足にイヤな感覚が走った。

「自分の感覚では、下りでまだ15%くらい足が残っている予定だったんです。でも、前半の北村君との勝負のところでけっこう力を使ってしまい、さらに上りきるところでも力を使ってしまった。思ったよりも体のダメージが大きく、そのせいか下りに入ってから肉離れみたいな違和感を覚えたんです」

主将として、復路が少しでも余裕をもってスタートできるように、下りでさらに差を広げていきたい。その思いが強かったが、足にイヤな徴候が出ている。無理してここからブレーキになったり、途中棄権したりするわけにはいかない。今井は、トップを守りつつ、安全走行を心掛けた。

ゴールに向かうストレートの下りが見えるとホッとした。

最後は頭がブレ、口が開き、眉間にしわを寄せて、腕を振った。力を振り絞って走り、右に曲がって今井は仲間が待つゴールに吸い込まれていった。

「今、山の神、ここに降臨。その名は今井正人！」

アナウンサーの声が日本国中に響いた。

「山の神」誕生の瞬間だった。

78分05秒の区間新、5位から大逆転で往路優勝を果たしたのである。

「往路優勝は嬉しかったですね。でも、タイムは物足りなかった。自分の感覚でいえば30秒くらい悪かったです。前半で足を使ってしまい、下りで肉離れっぽくなったので無理できなかった。それがなければ77分30秒くらいでいけたと思います。そうしたら復路をもっと楽させることができた。それだけに満足はできなかったです」

今井は、勝負ももちろん大事だが、いちばん重視していたのは、

「準備を万全にし、レースで最善をつくす」

ということだった。ゴールしたとき、自分の力を出しきれなくてゴールすると、勝っても悔しさを感じた。それは、そのときも、そして実業団でマラソンを走るようになってからも同じだった。

そうした今井の頑固なこだわりがあったからこそ、息の長いランナーになったともいえる

「山の神」に抜かれたその後の人生

今井に抜かれた選手は、その後、どうなったのか。

小田原中継所を4位でスタートし、今井と北村に抜かれ、一時は6位にまで順位を落とした早稲田大学の駒野亮太は、何とか順位を取り戻そうとしていた。

「2人に追いつくのは無理でしたし、1年のときの悔しい経験があるので、なんとかまとめようと思っていました。自分のなかでは宮ノ下までの急勾配の坂をポイントに置いていたのですが、そこでけっこう足を使ってしまったんです。そこから小涌園を越えて最高到達地点までの4・5キロはカーブの連続で道が開けてこないんで心が折れそうになりますが、がまんして上っていくと東洋大学が見えてきたんです」

ランナーはターゲットが見えてくると元気になり、集中力が増してくる。

東洋大学の釜石を抜くと、その150メートル先くらいに見えた日本大学の阿部も捉え、芦之湯につくまでに順位を小田原スタート時の4位にまで戻した。

芦之湯の直線の下りでは遠くに3位の北村の姿が見えた。

「めちゃくちゃ遠くではありましたが、見えた瞬間は元気が出てきました。同時に、この順位は最低限死守しないといけないと思っていました。僕は、4年になったら主将になるのが決まっていたので、ここでシード権を獲れる順位に入り、次のシーズンにつなげていきたいと思っていたので」

駒野は、そのまま81分55秒の区間8位の4位でゴールした。レース後、今井が78分台で走ったことを聞いて、「そのくらいで走っちゃうよな」と感じた。

「今井さんの記録には、納得というか、驚きはなかったです。前回大会、雨の中でしたが、あれだけ走れる人はいないですからね。今回は天気もいいし、コンディションが最高だったので、そりゃそうなるよなって。一緒に走れたことはいい経験になりました。今井さん独特のリズム感や腰高で軽快な走りを間近で見ることができたので。もう少し長くついていられたら、もっと得るものもあったでしょうね。でも、この経験が4年になったとき、確実に生きたなと思います」

駒野は、２００８年の第84回大会でも5区を走ることになった。

「当日は、自信をもって臨むことができました」

そのシーズン、駒野は出雲駅伝、全日本大学駅伝に出場後、渡辺監督から「もうレースに出なくていいから、箱根に向けて練習を積もう」と伝えられた。

箱根まで2週間を切ったところで、調子がどんどん上がってくるのを感じた。渡辺監督も本番前に、いかに調子を上げさせないようにするか考えるほどで、駒野はピークを遅らせるために長めのジョグを入れたり、ポイント練習でスピードが上がりすぎないようにしたりするなどして当日を迎えた。

小田原中継所で早稲田大学は6位、トップの山梨学院大学に1分27秒差で駒野は襷を受けた。その14秒前には、東洋大学の釜石がいた。3・8キロメートル手前で釜石を抜き、4・5キロメートル地点で4位の中央学院大学を抜いた。

「走り始めてからは、自分でも思わず笑ってしまうくらい調子が良かった。めちゃくちゃ体が軽くて、まったくがんばっていないのに5キロを15分13秒で通過して、『今日はいけるな』という手応えがありました。小涌園あたりで監督から、『今井の記録に近づいているぞ』と声をかけられたんです。半信半疑で走っていたんですけど、最後の1キロですかね。監督に『今井の記録と10秒差だ。絞り出せば更新できるぞ』と言われたんです。でも、その10秒を削り出す体力はさすがに残っていませんでした」

駒野は、8・4キロメートルで2位の駒澤大学の4年、安西秀幸を捕まえ、並走すると10・60キロメートルで山梨学院大学の1年生、高瀬無量をとらえた。並走してきた安西に小涌園で15秒の差をつけ、そこから独走状態に入った。

中継の先導車には、早稲田大学OBの瀬古利彦が乗車し、解説をしていた。

何度か目が合い、「よしよし」とうなずいてくれた。早稲田大学にとって、12年ぶりの往路優勝。そして、「山の神」の記録を更新しようかという駒野の走りが、世界を知るOBの胸を高鳴らせていたのだ。

駒野はそのままトップで快走し、胸の白の「W」を指差してゴールテープを切った。78分12秒、今井の記録に7秒及ばなかったが、見事な走りで区間賞を獲り、チームを往路優勝に導いた。総合優勝は駒澤大学に譲ったが、早稲田大学は2位をキープし、駒野は大手町のゴールエリアで、10区の2年生、神澤陽一を受け止めた。

それにしても、あと7秒だった。山の神に肉迫した駒野は、どう思ったのだろうか。

「今井さんを始め、柏原くん、神野くんにしても、山の神と呼ばれる人は往路優勝や区間賞だけでなく、圧倒的な区間新を出して、チームの総合優勝に貢献しているじゃないですか。僕は、山の神になるには、この2つの要素が大事だと思うんです。残念ながら僕はその2つを達成していないので、『山の神』にはなれなかった。レース後、1学年下の後輩で尊敬できる竹澤健介が『早稲田にも山の神がいた』と言ってくれたので、それで十分です」

　卒業後、ＪＲ東日本に入社し、競技を続けた。だが、故障などもあり、なかなか結果が出なかった。

　十分な練習や対策をせずに挑戦した最初の東京マラソンでは、ハーフを1時間04分30秒で通過した。そこから徐々に体が動かなくなり、ジョギングのような走りになった。最後、女子のトップの那須川瑞穂に抜かれるシーンがテレビで放映された。

〈箱根の山で区間賞を獲った選手が女子に負けちゃうんですか〉

　ＳＮＳにはそんな声が書き込まれた。駒野自身もマラソンの厳しさを感じ、最終的には２０１０年に引退した。実業団での選手生活はわずか2年だった。

「実業団を2年でやめたのは、箱根ですべて吐き出してしまったので、競技に対してなかなか前向きになれなかったからです。『マラソンに挑戦して、日本を背負って』とか期待してくださる方がたくさんいましたが、自分のなかでは箱根に向けて気持ちと体を仕上げすぎてしまって、競技生活をやり遂げた感がありました。その状況から、日の丸をつけられる選手になるまでの道筋をイメージすることができなかったんです」

　引退後は、埼玉県で教員生活を送った。その後、２０１２年に母校の教職員兼競走部のコーチになり、2023年の箱根駅伝が終わったあと、コーチを退任し、職員として仕事を続けている。

「学生たちとグラウンドで向き合っていたころを思い出すと、寂しさを感じるときもあります。指導者として何かを成し遂げたわけでもないので、未練がまったくないわけではないですが、今は1人の陸上ファン、駅伝ファンとして、各対抗戦や3大駅伝の結果から、日々、活力をもらっています」

何をしていても駒野の陸上への熱は冷めることはない。

5区での悔しさが新たな扉を開いた

小田原中継所を3位でスタートした日本大学の阿部豊幸は、小涌園前で東洋大学の釜石を抜き、芦之湯に至る登りで早稲田大学の駒野に抜かれ、5位に後退した。「これ以上、離されてたまるか」と、必死にエンジのユニフォームについていった。

「小涌園から芦之湯、最高到達地点の4・5キロは本当に辛くてきつかったです。ここで止まったら、とんでもないブレーキになってしまうという恐怖がありました。最高到達地点の看板を目標に上がっていくんですけど、ひとつひとつのカーブが長く、先が見えてこないんですよ。上りが終わるまで残りわずかなはずなのに、なかなか終わらない。メンタル的なダメージが大きかった。でも、ここを粘れば下りは得意なので、ギアチェンジして前を追える。翌年、駒野さんはすごい記録を出すんですけど、そのときはそこまで強い選手だと思っていなかったので、抜くチャンスはあると思っていました」

下りに入ってから駒野を視界にとらえたまま、なんとか抜くチャンスをうかがった。1秒でも前へ、という気持ちで腕を振ったが、最後まで微妙な差は縮まらなかった。

83分12秒の区間12位、往路5位、4位の早稲田大学との差はわずか8秒だった。

「ゴールしたときは、正直なところ途中棄権しなくてよかったという安堵感が大きかったです。発熱して、座薬を入れて出たので、かなり危険な賭けでした。そういう意味で走りきれたのはよかった。でも、順位で見れば1区から4区まで、みんな完璧に走れていたのに、僕だけ想定タイム以下だった。コンディションが良ければ、今井さんにはついていけないにしても、復路のメンバーに3分52秒差とかではなく、もう少し縮めることができたかなと思いました」

　しばらく経って冷静になって振り返ると、5区に挑むにあたって「戦う前から負けていた」と阿部は感じた。

「今井さんと戦う、今井さんを超えるという気持ちがなかった。自分はゲームチェンジできるような能力がないので、今井さんに離されないことがチームにとっていちばん大事なことだと考えていました。でも、冷静になって考えてみると、それって負けるのが前提なんですよね。自分はあくまでもつなぎの5区みたいに決めていたので、いまいち乗り切れないモチベーションになってしまい、こんな結果になったのかなと思いました」

　大学3年時はもっとチームに貢献したかったが、本番3週間前まで故障していた。万全ではないなかで5区を走り、81分48秒で区間7位、チームは総合9位に終わった。大学4年になっても故障と復帰を繰り返し、自信をもって5区に臨むことができず、せめてシード権は確保する気持ちで臨んだ。

　最後の5区は、82分33秒で区間11位、チームは7位でシード権を獲得した。

「3、4年は不完全燃焼でした。僕は10000メートルとハーフの自己ベストを出したのが1年のときだったんです。それからどんどん落ちてしまって、うまくいかない競技生活を送っていました。卒業したら教員になろうと思っていたのですが、その悔しさがあったので、もう少し陸上をやりたい。陸上に未練があったので、ＮＴＴ西日本で続けることにしました」

２００９年の卒業後、駅伝とマラソンを主に競技を続けた。

２０１０年の青梅マラソン30キロで日本人トップの２位になり、突発性難聴になるものの、２０１４年のニューイヤー駅伝では６区で出走した。その後、計６回のニューイヤー駅伝、マラソンを走り、２０１８年に引退した。

「思い出に残るレースは、青梅マラソンですね。上り下りが激しく、５区を走っていた自分にとっては得意なコースだったんです。起伏のあるコースなら誰にも負けないという気持ちで走って、２位になれたのは嬉しかったです。それからもう１段、２段上のレベルにいきたいと思っていましたが、空回りして上のレベルにはいけなかった。高校時代はけっこう強かったんですけど、大学で中レベルになったので、実業団でそのときに負けた選手を逆転してやろうと思ったのですが。でも、最後、ボロボロになるまでやらせてもらったので会社には感謝しています」

今は、社業に専念しながら「阿部総業」というランニングコミュニティをつくり、SNSで選手の情報や過去のレース結果などをアップしている。

「今も思うのは、大学2年のときの箱根5区を経験して良かったなということです。当時は今井さんのレベルには遠く、身の丈に合っていない挑戦でしたが、座薬を突っ込んだ状態で5区を任されたプレッシャーは、すごかった。実業団に入っても、あのとき以上のプレッシャーを感じることはなかったので、社会人として走るうえでの大きな経験、財産になったのは間違いないです」

5区での経験が青梅マラソンでの結果を生み、実業団で走り続けるモチベーションになった。それがなければすぐに教員になっていたと、阿部はしみじみ語った。

オリンピックが新たなモチベーションに

東洋大学の釜石慶太は、小涌園前あたりで阿部に抜かれた。

「阿部さんが来たときは、低体温症の影響で意識が飛ぶ寸前でした。抜かれたあとの小涌園から最高到達地点までは、ほとんど記憶がなかったです。とにかく2位でつないでもらったので、なんとかしないといけない。ヤバい、ヤバいって、そう思って上っていました」

沿道の声援も、運営管理車のジープからの声も、なにも耳に入らなかった。「とにかく上りきろう」という自分の内なる声しか聞こえなかった。

なんとか体を動かし、ようやく最高到達地点を越えることができた。ここから下りに入ると、少しだけ意識が戻ってきた。

「下りになって、ちょっとだけ回復したんです。このままじゃダメだと思い、気持ちも足も切り替えました。たぶん、この下りがなかったら切り替えるキッカケをつかめず、そのまま区間ビリになっていたと思います」

ゴールした瞬間は、まったく覚えていない。気がついたときには、箱根湯元の病院のベッドだった。付き添いの大学の職員に、「駅伝どうなりましたか」と聞いた。自分がゴールした記憶がなく、ゴールできたのかどうかを知りたかったのだ。

釜石は区間17位、チームは往路10位だった。だが、東洋大学はそこから粘りの駅伝を見せ、8区、9区、10区で挽回し、総合5位まで順位を上げた。

「1月3日は、大手町で大学の報告会があるんです。4区2位で優勝できるチャンスがあったのに、僕が10位に落としてしまったので『顔を出せないな』と思いました。実際、行っても『すみませんでした』としか言えませんでした。でも、先輩たちが、『誰が上ったとしてもこういう結果になったと思う。むしろ、山を1年生に任せてしまった俺らが悪い』と言ってくださって。それに復路をがんばって総合5位になったこともすごく救われました。今回は、先輩に助けてもらった。次はみんなを助けられる側になりたいと思いました」

しかし、山の傷はそう簡単には癒えず、次も5区という気持ちにはまったくなれなかった。レース後、監督、コーチとほとんど言葉を交わすことはなかったが、2月の合宿で、釜石は川嶋監督に呼ばれて、こう言われた。

「山、また、おまえでいくからな」

監督は、自分を信頼して、また任せてくれる。そこから釜石の意識が変わった。

「最初はもう5区は荷が重いので、8区か9区で勝負したいと思っていたんです。でも、監督にそう言われて、5区でリベンジしないと自分の競技人生は逃げになってしまう。もう5区を走るしかないと覚悟を決めました。ただ、走る以上は、失敗した恐怖心を拭うくらいの努力をしないといけない。毎月、山上りの練習をして、月間で800キロ以上、夏合宿は私と6区候補の大西一輝さんら3人で、群馬で山ごもりをして、1000キロ以上走っていました」

2008年、第84回大会では、前回の失敗を引きずることなく、自信をもってスタートラインに立った。

しかし、いざ走り始めると昨年のレースがフラッシュバックした。

「このペースで大丈夫なのか。また、低体温症になってしまうんじゃないか、とかいろいろな弱い虫がくっついてくるんです。いくら練習してもやっぱり自信がないというか、もう失敗できないという弱気なレースをしてしまいました」

二度目の5区は、83分41秒の区間13位に終わり、思うような走りができなかった。

大学3年になり、三度目の正直で「今度こそ」と思ったが、柏原竜二が入学してきた。春から山の候補として、一緒に練習するようになった。

「夏合宿、柏原と一緒に山を走っていたんですが、もうけちょんけちょんにやられました。彼は先輩にも物怖じしないガツガツくるタイプで、もう圧倒されましたね。それからは山のリザーブとして、5区と6区のバックアップをしつつ、2年間の経験を少しでも伝えていければと思っていました」

第85回大会、獰猛《どうもう》なルーキーは、5区を区間新で快走し、東洋大学を優勝に導いた。この走りを見ていた今井は、柏原の走りに賛辞を送った。

「高校のときから話は聞いていましたし、都道府県駅伝（天皇盃全国都道府県対抗男子駅伝競走大会）の際は5区についていろいろ聞いてきてくれた。同郷の選手に記録が抜かれて、悔しさもありましたが素晴らしい走りで、むしろスッキリしました」


釜石は4年になって主将になった。しかし、足の故障から満足に走れず、箱根駅伝のエントリー直前にはインフルエンザに罹患し、メンバーからも外れた。

病気から回復すると、朝4時に起きてグラウンドを掃除し、主力が走るコースの交通整理をするなど、裏方に徹した。

「4年目は、箱根の連覇がかかっていたので、もう割り切っていました。キャプテンという立場、2年間箱根を走らせてもらった立場、酒井俊幸政権1年目というタイミングでもあり、いろんなものを背負っての最後の箱根だったので、自分の個人的な思いよりもチームの優勝を第一に考えていました」

走れないながらも主将として臨んだ２０１０年の第86回大会は、釜石の献身的な行動や出走した選手のがんばりもあって見事、大会２連覇を達成した。

３年、４年時は柏原の出現で出走できなかったが、その経験も含めて４年間は大事な時間だったと釜石は回想する。

「箱根を目指す選手で努力していない人はいないと思うんです。相当な努力をしている大前提で１月２日、３日にピークをもっていくというのは、すごく難しい。そこで力を発揮するというのは、個人的には究極の領域だなと思いました。そういう難しさ、怖さみたいものを経験し、それを３、４年のときに伝えることができてよかったです」

大学を卒業後、釜石は公務員になり、２年間、山形県上山市役所に勤務したあと、２０１２年４月に仙台育英学園高校の女子駅伝部の監督に就任した。当初は部員が６名しかおらず、サッカー部の選手などをかき集めて予選会に出場していた。

その後、２０１７年の全国高校駅伝女子では23年ぶりに日本一に輝き、２０１９年、２０２１年にも優勝するなど、駅伝の強豪校に育て上げた。

その際、指導の手本になったのは東洋大学時代の恩師だった。

「川嶋さんからは、五輪に出場されている人らしく、『凡事徹底』で１回１回の勝敗に一喜一憂せずに、淡々と物事に取り組むということを学びました。酒井さんは高校教員から監督になられたので、生活面、栄養面、メディカル面など本当に細かいところにこだわる姿勢というのを学ぶことができました。2人の指導をミックスして得られるのは、私たちの世代から柏原の世代までなので、すごく貴重なことだと思います」

チームの目標は、全国高校駅伝女子で優勝することだが、パリオリンピックでの経験が釜石にまた新たなモチベーションを与えてくれた。

「うちは、毎年その選手がどんな目標をもって、どういうふうに陸上をやりたいか、というところに沿ってやっています。駅伝では日本一を目指し、日本のトップになりたいという子たちが高みを目指して、憧れをもってきてくれています。そういう子どもたちにはしっかりと還元してあげたい。実は、パリオリンピックでOGの小海《こかい》遥（第一生命グループ）が1000０メートルに出場したので、現地に行ったんです。遠い存在だったオリンピックで小海が走る姿を見て、あらためて日の丸をつけた選手を増やしていきたいと思いました。少子化が進むなか、駅伝に特化する高校が増えてきているので、スカウティングを含め大変ですが、世界を意識して駅伝とうまく両立させてやっていきたいと思います」

パリオリンピックが釜石の新たなモチベーションを生み、指導者としてのやる気を駆り立ててくれたようだ。

僕らの世代は長く現役を続けられた

石田和也は、2位を死守してゴールした。

フィニッシュ地点では佐藤と伊達が迎えてくれた。石田は1年前の伊達と同じように、「本当にごめんなさい」と何度も頭を下げた。

「ゴールしてからは謝っていた記憶しかないですね。でも、佐藤も伊達も優しくて『大丈夫ですよ』と言ってくれて。ほかのみんなも『今井じゃしょーがないよ』と言ってくれたんですが、設定タイムよりも2分も遅かった。練習不足の影響で途中で足が攣ったのですが、普通に走れていれば勝てたレースだった。本当に悔しかったですし、自分の力不足を思い知らされました」

ゴールした駐車場では、往路優勝した順天堂大学の選手たちがニコニコして勝利インタビューを受けていた。

石田は、一緒に走ることで、あらためて今井のすごさを実感した。

「今井は強かった。それは走る前からわかっていたので、どう逃げきるかを考えつつ、トップで襷を渡す役割を果たそうと思っていたんですけど、果たせなかった。一緒に走って、今井の速さはどうこうできるレベルじゃないことがすごくわかった。あいつが『山の神』なら僕は『山の平民』だなとつくづくそう思いました」

復路で東海大学はひとつ順位を下げて総合3位になったが、その日も石田は責任を感じて重たい気持ちを引きずっていた。

「優勝を目指していたので、みんな悔しさがあったし、個人的には申し訳ない気持ちでいっぱいでした。でも、みんな、すごく明るい雰囲気だったんです。後輩たちが深刻にならないようにムードをつくってくれて、僕はそれに救われました」

石田にとっては、忘れられないレースになった。

箱根駅伝にとっても、2007年の第83回大会は、今井が「山の神」になったレースになり、歴史を振り返るたびに、石田が抜かれるシーンの映像が流れた。

「イヤでも目に入ってくるんですが、今も見るたびにみんなに申し訳ないという気持ちになりますね」

今となっては劇的なシーンの盛り上げ役になったわけだが、この悔しさが競技者として上を目指していく原点にもなった。

大学を卒業後、石田は西日本鉄道（西鉄）に入社した。マラソンを主戦場に、2016年の別府大分毎日マラソン大会では、日本人トップの4位に入った。駅伝部の主将にもなり、ニューイヤー駅伝には、2008年5区での出走を始め、2019年まで10回出走した。西鉄社内の活性化、士気向上などが陸上部の目標としてあり、そのために引退勧告されるまでは現役を続けようと決めていた。

2022年2月、大阪マラソンを最後に37歳で現役引退し、コーチに就任した。2024年4月からは、監督として陸上部を指導している。

石田は、今井より1年早く引退した。今井の引退レースになった2024年2月の日本陸上競技選手権大会・クロスカントリー競争は、チームの選手も出場したので現場に行き、今井にも声をかけた。

「今井は、すごく力のある選手だったので、MGC（マラソングラドチャンピオンシップ）を含めて応援していました。引退するとき、今井よりも1年でも長くやれれば、タイムでは勝てなかったけど、息の長い選手として勝てたのにと思ったんですが、これも彼の勝ちでした。岡本直己（中国電力）はまだ現役ですが、30歳前後でやめていく選手が多いなか、僕らの世代は長く現役を続けることができた。ある意味、幸せな世代だったと思います」

現役を振り返ると、やはり箱根の走りが鮮明に蘇る。今井とのレースは、石田の競技人生のなかで特別な舞台での特別な勝負として位置づけられている。

「箱根駅伝は二度先頭を走ったんですが、スタートしたときの雰囲気というか感じが異常というか、すごく特別でなかなか経験できるものじゃなかったです。今井との勝負もそうでしたが、あれ以上に注目され、あれ以上に緊張することは社会人のレースにはなかった。箱根は特別な舞台でした」

石田が卒業して12年後の２０１９年の第95回大会で、母校・東海大学が悲願の初の総合優勝を果たした。

そのときはすでに新居利広監督が退任し、石田とは面識のない両角速《もろずみはやし》監督が指導しており、違うチームのように見えた。それでも自分たちが果たしえなかった優勝を勝ち取ったことに対して、ＯＢとして誇らしい気持ちになった。

最初の名刺交換の相手

今井を追った北村は粘っていた。17・85キロメートル地点では、今井との差は60メートルだった。

「今井さんに追いつくぞとは、もう思っていませんでした。最後までまとめて走らないといけないという気持ちでした」

得意の下りでも、今井に大きく離された。81分23秒で区間4位、チームは3位で、トップの順天堂大学との差は3分20秒に開いた。

このレース後、北村は今井の強さをあらためて実感し、5区を走るのをやめた。

「3年になって力がついてきたので、これで今井さんと勝負できる、自分の本当の実力がわかると思って臨んだんです。でも、10キロも一緒に走れなかった。4区スタート時、1分13秒の差があったのに、逆にゴールで3分以上も差をつけられたんです。あらゆる対策を施し、5区だけしか考えず、今井さんに勝つためにやってきた。でも、勝負にならなかった。自分のなかでは出しきったし、箱根で今井さんを超えるのはもう無理。これが自分のなかでの最高地点だと思いました」

翌年、大学4年のとき、北村は2区を走った。

5区に悔いも未練もなかった。ライバル視していた今井がいない5区を走ることに意義を感じられなくなった。そのときのモチベーションは、エース区間で、かつて「四天王」といわれた東海大学の伊達が走っているところで勝負したいという気持ちだけだった。最後の箱根は2区8位（69分25秒）、チームは北村が去った5区から低迷し、総合12位に終わった。

「箱根を4回走れた経験は、その後の競技人生に大きな影響を与えてくれました。箱根を目指すなかで、かなり距離を走り込めたのは大きかった。それが実業団に行って10000メートルに挑戦する際にプラスになりました。でも、いちばん大きかったのは、個人だけじゃなく、ひとつの目標に向かってチームでやる楽しさを得られたことです。これは、箱根駅伝じゃないと味わえなかったと思います」

北村は、卒業後、日清食品グループに入社した。

当時の日清食品はSB食品と並び、プロとして自由に活動することが許されていたチームだった。個人に干渉せず、個々で練習をこなし、大会に出れば勝って当たり前といわれていた。北村も、「自分のやりたいことに注力できた」という時代だった。

「みんな、勝つためにチームにいる雰囲気がすごく好きでした。でも、自由すぎたぶん、自分を律することができませんでした。それがなければ日本選手権で勝てていたかもしれません」

その後、北村は２０１５年に創部２年目のサンベルクスに移籍した。ニューイヤー駅伝出場を置き土産にして１年で退社し、２０１６年４月に現役を引退した。

「会社でもいろいろあったんですが、11月の八王子ロングディスタンス（１００００メートル）に出たとき、旭化成の村山紘太が27分29秒69、同じく旭化成の鎧《よろい》坂《ざか》哲哉が27分29秒74で日本記録を更新したんです。自分は29分12秒94で92位だったんですが、2人にすごいなって拍手したんですよ。彼らに負けたくないと思うんじゃなくて、拍手している時点で、競技者としてやっていく意味はないなと思ったんです」

今は日立女子陸上競技部の監督をしている。

「いずれ大学での指導は夢としてありますけど、今はまだ日立で結果を出せていないですからね。過去の栄光だけでクローズアップされるのではなく、誰もが認めてくれるような指導者になりたいです」

パリオリンピックのマラソン女子代表を決めるＭＧＣには、鈴木千春が出場した。

今後は1500メートルや3000メートル障害で世界を目指せる選手を輩出したいと、北村は意欲的だ。

2024年4月、金栗四三杯《かなぐりしぞう》で熊本に行った際、空港で偶然に今井と会った。今井はその3月に現役を引退し、母校の順天堂大学のコーチに就任していた。

一緒にいた長門俊介監督からこう言われた。

「最初に今井が順天堂大学コーチの名刺を渡すヤツは決まっているんですよ」

「えっ、僕ですか？　僕は女子の実業団ですし、関係ないので名刺はいらないじゃないですか」

北村が、そう言うと、長門はニヤッと笑ってこう答えた。

「今井といえば北村だよ」

北村は、今井にとって名刺交換の第1号になった。

「そこで少し話をさせてもらったんですが、『山の神』のコーチで順天堂大学はどんどん強くなるなあと思いましたね。今井さんは今も昔も腰が低くて、誰からもリスペクトされる人。僕は大学時代から今も、その背中を見させていただいています」

北村は、旧友を語るような優しい目でそう言った。

今井は、今も「山の神」といわれ、抜群の認知度を誇る。山上りという特別な能力を保持する人間だけが受け継ぐことができる「名跡」だが、今井は北村が名付けた「山の神」に感謝している。

「北村君には今も感謝しています。『山の神』と呼ばれることで、駅伝に興味がなかった人に自分の名前を覚えてもらうキッカケになりました。そのことに関しては本当にありがたいなと思います」

いつかそれぞれの母校で、あるいは異なる大学で、ともに監督として対峙することになれば、そのとき歴史の扉が開き、再び大きな注目を集めそうだ。

超えられなかった「山の神」

2007年の第83回大会で、自らの区間記録を更新し、3年連続でMVPに贈られる金栗杯を手にした今井は、卒業後、トヨタ自動車九州に入社した。

チームとしてはニューイヤー駅伝をターゲットにしつつ、個人としては2008年、北海道マラソンをスタートとしてマラソンを主戦場にして走り続けた。

マラソンのラストレースとなった2023年のMGCまで18本のマラソンを走り、ロンドンオリンピックからパリオリンピックまで五輪出場を狙ったが、残念ながら出場には至らなかった。

2015年、北京の世界陸上競技大会のマラソン代表になったが、直前に髄膜炎を発症し、出場を辞退。山の神は、世界と戦うことができなかった。

「17年間、がんばってこられたのは、『山の神』として名前を覚えてもらって、『今井、がんばれ』と応援してくれる人がいたからです。ただ、自分のなかでは箱根駅伝は大学時代に一区切りがつきましたし、実業団で『山の神』を引っ張るわけにはいかない。実業団でがんばって、新しい愛称をつけられるようになろうというのが、ひとつのモチベーションになっていました」

今井の実業団での17年間は、過去の自分を超える戦いだった。

トラックでは5000メートル(13分47秒15、2014年ゴールデンゲームズinのべおか)、10000メートル(28分18秒15、2010年全日本実業団対抗陸上競技選手権大会)で自己ベストをマークした。

２００９年、熊本甲佐10マイル公認ロードレース大会で優勝し、２０１３年のニューイヤー駅伝では４区で区間新の走りを見せ、チームを総合２位に押し上げた。マラソンでは、２０１４年の別府大分毎日マラソンで２位になり、２時間09分30秒で初のサブテン（フルマラソンを２時間10分以内で走りきること）を達成した。ＭＧＣも２回連続で出走した。

しかし、「山の神」を超えるようなインパクトがある結果を残せなかった。

「箱根以上の結果が出なかったですね。『山の神』を超えるには、マラソンで結果を出し、オリンピックで活躍するくらいじゃないと難しい。五輪や世界選手権に出て結果を出して、箱根のイメージというか、『山の神』のキャッチフレーズを超えたかったのですが、なかなかできず、もどかしいというか、悔しい思いをずっと抱えていました」

今井は新たな称号を得られなかったが、「山の神」は今や強い選手の象徴的な呼称になり、レジェンドの意味をもつようになりつつある。それは、そうなるべく挑戦し、敗れていった数多くの選手たちがいるからでもある。

箱根は、なんと、すごい言葉を生み出したのだろうか。

「神って、すごいですよね。そう呼ばれるようになった箱根駅伝が、僕の卒業後の競技人生に大きな影響を与えてくれたのは間違いないです。将来、自分が生きる道としてマラソンを走るためには、箱根で結果を出さないとチャンスがない。5区で目立たないと、実業団の人には見てもらえない。自分のことを欲しいなって思ってもらえるような特徴がないといけないと思っていたので、箱根での5区の結果が実業団に入るためには大きく影響したと思います」

その箱根駅伝に、今度は指導者として戻ってきた。

2024年4月より、今井は、トヨタ自動車九州から出向というかたちで順天堂大学陸上部のコーチに就任した。コーチ就任に先駆けて2023年1月、第100回大会の箱根駅伝を現地で見ていた。

卒業後、同期の長門俊介が2016年に監督に就任してから、母校の動向を気にはしていたが、現場に行くことはほとんどなかった。

「5区を走ったとき以来の箱根の沿道でしたが、僕らのときとはぜんぜん違いますね。箱根駅伝の盛り上がりはすごいですよ。MGCの東京オリンピックの選考のときはすごく盛り上がりましたし、パリオリンピックの選考会も雨でしたが、沿道を含めすごい熱気を感じました。でも、箱根駅伝はそれ以上でした。沿道の人の多さとか、応援とか、久しぶりに見て、圧倒されました。そのなかを走れる選手はすごく幸せでしょう。逆にいえば、注目されるぶん、苦しいしきつい思いをする選手もいるのかなと思います。いずれにせよ、箱根駅伝は、少なくても僕らのころよりもはるかに大きな大会になっていますね」

チームに合流すると、とてもまじめな選手が多く、真摯に競技に向き合っているなと感じた。それとは裏腹に、おとなしさも感じたのも事実だ。今井の大学時代は個性的な同級生や先輩も多く、ときには自己主張が強くなりすぎてしまう選手も多かったが、今はそういう意味では大きく目立つ選手はほとんどいない。

また、大学で何をやり、卒業後の自分をどう描いていくのか。「競技者として自分自身の目標設定」が明確でない選手が意外と多いと感じた。

「僕は、箱根駅伝を4回走り、一区切りついたので、卒業したら、『よっしゃ、次はマラソンにチャレンジできる』という気持ちだった。陸上を始めたときから、実業団では、マラソンでオリンピックや世界陸上に出場して世界と戦うのが目標でした。箱根で多くの人に応援されて走るのをモチベーションにしている選手も多いと思いますが、逆に応援されないから走らないというのは自分のなかになかったです。応援されるのは嬉しいですけど、そこでテンションが上がることはあっても、応援されないからといって下がることはない。なぜなら、僕には目標が明確にあったからです。自分自身で決めた目標がないと、選手として成長を続けていくのは難しいと感じています」

学生の中には、箱根を走ったことで、それ以上の目標をもてず、能力があってもやめていく選手がいる。だが今井は、「競技でいえば箱根で燃え尽きることがあってもいい」と否定はしない。

「それもひとつの人生だから。でも、卒業して社会人として生きていくうえで、仕事などで目標を設定していくことは大事です。なぜなら、目標を設定して、それをやり遂げたから箱根を走れたわけじゃないですか。なので、学生たちにはチームの目標だけじゃなく、個人の目標を設定することも大事だよと伝えています。それが人生のなかで、なにかを成し遂げる力にもなるからです。それができれば箱根後も新たな目標設定ができ、実業団に入ってからもスムーズに競技を続けられると思います」

今井は、大学時代の経験や実業団時代の経験はもちろん、5区を駆けたときの経験も惜しみなくチームに還元していく。長門監督を軸にして、田中秀幸コーチとともに

「3本の矢」となり、チームを再建していくことになる。

「チームは長門監督が一人ひとり、僕らは同じ目標に向かって監督や選手をサポートしていく感じですね。やるからには指導者として自分なりの目標をしっかり設定して、学生の指導に取り組んでいきたい。『山の育成を楽しみにしています』とかよく言われますけど、育ってくれるといいですね。そこはちょっと5区を走ったときとは違うプレッシャーを感じていますが（笑）」

「山の神」が指導する順天堂大学の選手は、他校にとって大きな脅威になるはずだ。とりわけ5区の選手の育成は、今井が箱根の山で多くを得た恩返しになるだろう。

第3章

魔物が住む山

この山には魔物が住んでいる

「高校野球の甲子園には『魔物がいる』とよくいわれますが、箱根の山もそうですね。平地区間にはない何かが起こる雰囲気を山には感じます」

そう語るのは、神奈川大学駅伝チームの大後《だいご》栄治前監督だ。

5区は、歓喜や感涙に包まれる映画のようなシーンも、慈悲のない悲劇も起こる。だから人は、その劇的で残酷なドラマに見入ってしまうのだろう。

箱根駅伝の往路、復路の関東地区の平均視聴率（最高視聴率は第97回箱根駅伝で、往路は31・0％、復路は33・7％）は毎年、リリースされているが、区間ごとの視聴率は公表されてはいない。もし明らかになれば、往路は5区がいちばん高いと予測する。

箱根駅伝の年代別視聴率は、40代、50代が中心だが、コアなファン層は朝からテレビの前から動かない。ライト層はお正月休みなのでのんびり起きて、たまたま放映されている箱根駅伝をぼんやり見始める感じだろう。

山に挑戦する学生たちの必死の走りが画面越しに伝わってくるので、ついつい見入ってしまう。しかも5区は、往路のアンカーだ。60分ドラマでいえば45分ごろ、サッカーでいえば往路を１試合とするなら後半40分過ぎだ。勝敗が決まるシーンなので、見逃さずに最後まで見届ける人が多い。そのせいか、箱根駅伝をよく知らない人でも、「あっ、あの山の人だ」と、５区を走って活躍した選手のことをなんとなく覚えている。

見ている人の多くは、「あんなところをよく走って上っていくな」と思うだろう。

芦ノ湖に続く国道１号線を、車やバイクで走った人、あるいは実際に走ったり、ウォーキングをしたりした人は、そのことをより実感しているはずだ。

尋常では考えられないことをやってのけるのが、５区の走者たちなのだ。

山上りのコースが生まれた背景

では、なぜこんなに過酷なコースが生まれたのか。

箱根駅伝の前身は１９１７年（大正６年）に開催された、「東京奠都《てんと》50年奉祝・東海道駅伝徒歩競走」といわれている。

これは関東と関西の２チームが、京都三条大橋から東京・上野不忍池までの約５１

6キロメートルを23区間に分けて3日間、走り継ぐという壮大な駅伝だった。

それを経て箱根駅伝が生まれたのは、金栗四三が1912年（明治45年）のストックホルム五輪でマラソンに出場した際、レース途中で日射病にかかり、棄権したことに端を発している。

世界に通用するランナーを育てたいと感じた金栗は、多くの選手を育成できる駅伝を走ることを考え、1919年、「アメリカ大陸横断駅伝」に参加しようとした。

コースは、サンフランシスコからロッキー山脈を越えてニューヨークのゴールを目指すものだ。そのための予選会としての駅伝が金栗らを中心に考えられ、最終的に東京と箱根を往復するコースが選択された。

最初はトレーニング効果を高めるために極寒期の2月に設定され、1920年にスタートした。早稲田大学、慶應義塾大学、明治大学、東京高等師範学校（現・筑波大学）の4チームによるレースだった。


昔はレースそのものが過酷だった。

箱根駅伝の創成期は午後1時のスタートだったので、箱根の山を走るころには日が落ち、街灯もないのでコースがわからなくなった。

心配した地元の青年団が松明《たいまつ》で照らすなか、選手は山を越えていった。そこには学生たちの必死の走りを応援したい、学生たちのがんばりが報われるように箱根駅伝を成功させたいという強い思いがあった。そして、それは現在の箱根駅伝をサポートしている人たちに受け継がれているマインドだろう。

1956年（昭和31年）に、現在の1月2日、3日の開催になり、1979年1月3日は東京12チャンネル（現・テレビ東京）でテレビ放送がスタートした。当時は、箱根の山の中継で技術的な問題があり、9区までは録画で、生中継は10区のみだった。

その後、1987年の第67回大会から日本テレビが放送するようになり、5区というコースが初めて陽の目を見ることになった。走った選手にしかわからない5区の全容が明らかになったとき、急勾配の坂を上る苛酷なコースに多くの人が度肝を抜かれたという。大後前監督はこう振り返る。

「こんなにきつい坂を上り続けるのか、と見た人は、みんなそう思ったと思いますね。私も初めて見たときは、そう思いましたから」

その坂のきつさ、厳しさは選手間に広がり、少し前まで5区を積極的に走ろうという選手は多くはなかったという。

「初代・山の神」こと今井正人も高校のころ、5区で大東文化大学の奈良修の快走を見ていたが、「どちらかというと5区よりも2区で勝負したい気持ちが強く、それほど5区に対する気持ちが強かったわけではない」と思っていたという。

順天堂大学に入学後、仲村明監督から、「5区を走るくらいなら箱根を走りませんと言ってきた選手もいた」という話を聞いたことがあった。

「僕は、そこまでイヤではなかったですし、だったら逆にそこで活躍してやろうと思っていました。でも、監督からその話を聞いたときは、5区はほとんどの人がイヤなんだなと思いましたね」

2000年ごろは、今のように、「5区を走りたい」「山の神になりたい」と憧れを抱いて積極的に手を挙げる時代ではなかったのだ。

実際に5区を走って気がつくこと

その5区とは、いったいどんなコースなのか。

映像のなかで、延々と続く長い坂を、鍛え上げられた選手たちが苦悶の表情を浮かべて走る姿を見れば、その厳しさは容易に想像がつく。

どんな選手も標高874メートルの山を登りきって、下りに入ると表情が歪む。顔を左右に振り、それまで体幹で抑えられていた体が左右にぶれる。「山の神」といわれた今井正人も、東洋大学の柏原竜二も、青山学院大学の神野大地も、ラストは眉間にしわを寄せ、歯を食いしばって走り、ゴール直前まで笑みなど見せる余裕がなかった。

山の神でも、最後は「素」のしんどさを露わにするほどの厳しさなのだ。

「箱根は観光地ですし、温泉街があってリラックスしにいく場所です。でも、競技が始まると楽しい観光地が表情を変え、選手にとっては地獄のような坂を上る苛酷なコースになるんです。コース的にも5区という山の難所がひとつあることで、競技のレベルやおもしろさが増します。そもそも箱根駅伝というくらいなので、箱根を象徴する山があるのは必然なんですよ。5区は、箱根駅伝の特徴的な区間なんです」

神奈川大学の大後前監督はそう語る。

実際に走ってみると、想像以上のコースだということを実感することができた。

スタートは、鈴廣かまぼこの里の駐車場だ。

そこを背にして、緩やかな坂の直線道路が続く。箱根湯本駅までの3キロメートルは、これから坂を登るためのアップみたいなものだ。

ここから3・7キロメートルの函嶺洞門バイパスまでは、まだ余裕をもって走れる。左側には早川と、今は通行禁止になった函嶺洞門が見える。1931年に落石防護用に造られた洞門で、全長は100・9メートル。工事費は当時で11万円だった。

2014年2月に通行禁止になり、現在は金網が立てられ、立入禁止になっている。そのため、箱根芦ノ湖側に函嶺さくら橋、小田原側に函嶺もみじ橋が掛けられ、迂回して国道1号線につながる新ルートが生まれた。このさくら橋を渡ると、徐々に傾斜がきつくなっていく。選手はここから戦闘モードに入っていく感じだろうか。

塔ノ沢を越えていくと、「昔、蛙が村民の悪い病気を治してくれた」という「蛙の滝」や、少し坂がなだらかになるポイントがある。そこで一呼吸つくことができるが、選手はおそらくこういう場所でリズムを整えるのだろう。

さらに坂を上り、ＨＡＫＯＮＥの文字の花壇があるヘアピンカーブ手前で、選手は最初の給水ポイントに到達する。

背中が後ろに引っ張られるような猛烈な傾斜のカーブを越えて坂を上がると、箱根登山電車の大平台駅が見えてくる。ここは、折り返して後退し、別の線に入って前進するスイッチバック駅になっている。つまり、それだけ坂が急勾配ということだ。

ここから宮ノ下まで約2キロメートル、急坂をひたすら上る。宮ノ下に入り、にぎやかな通りを行く。ここは１８７８年（明治11年）に創業した富士屋ホテルなど、明治から昭和初期の建物が多く、レトロな景観から「セピア通り」と名付けられている。

この道をまっすぐ行くと１３８号線に入り、仙石原に向かうが、５区のコースは信号を左に折れて直線の上りに入る。１８９１年（明治24年）創業の渡邊ベーカリーを越えて上っていくと、「関東大学駅伝競走第35回記念」と書かれた追悼碑がある。

案内板には「昭和31年12月11日、大学駅伝の練習中に当所で交通事故のために亡くなった専修大学の小山国夫選手を悼んで建てられたものです」と書かれている。

この場所は、道幅が非常に狭い。そもそも箱根路は歩道がない所も多い。ここを走っていると、バスから「ご注意ください」という声が聞こえてきた。

小山選手は下りの最中に事故に見舞われたが、こうした経緯もあり、安全面を考慮して関東学連は箱根での試走を禁止している。

木陰が続く坂を上っていくと、蛇骨橋が見えてくる。ここは橋梁を走る電車の絶好の撮影スポットになっている。蛇骨橋の急カーブを越えてさらに上り、小涌谷の踏切で10・5キロメートル、すぐに小涌谷駅が見えてくる。

ようやく半分が終わり、選手はどんな思いでここを通っていくのだろうか。

箱根ホテル小涌園（11・7キロメートル地点）を左手に見てカーブすると、そこから最高地点（16・2キロメートル地点）までが、勝負の4・5キロといわれている。

小涌園から箱根恵明学園までが12・9キロメートルだ。

この周辺は何もなく、箱根駅伝当日も人があまりいない。

暗い道のカーブを越えて、そろそろ坂の終わりが見えてくるのかなと思いきや、まったく見えてこないのだ。そのたびに、「まだか、まだか」と思い、心のエネルギーが削られていく感じだ。存在するのは自分と坂だけ。否応なく自分と向き合うことになり、体力、集中力、メンタルが試される。

5区にしかない光景

恵明学園を越えて上がっていくと、左手に湯坂路（鎌倉古道）の入口が見えてくる。ここから箱根湯本まで続くハイキングコースで、鎌倉時代、征夷大将軍の源頼朝が箱根権現への参詣道として通った路だ。

ここを越えて約800メートルほど上れば、芦之湯（15・8キロメートル地点）だ。芦之湯は、鎌倉時代から湯治場となるなど、古くから知られていた温泉地。江戸時代の後期になると、湯治だけでなく、物見遊山《ゆさん》を目的とした「箱根七湯《しちとう》」と名所などをまわる「七湯めぐり」が人気を博すようになったという、今も人気の湯だ。

芦之湯温泉の看板を右手に見て、選手は気持ちを切り替えていく。

残り5キロメートル。ここから少し下ると左手に箱根ドールハウス美術館（15・8キロメートル地点）が見えてくる。ここが最後の給水地点になる。

500メートルほど登ると、874メートルの国道1号最高地点（16・2キロメートル地点）に到達する。大きな標識があり、選手はここから下りに向けて切り替えていく。下りが得意な選手は、上りで差が開いた距離をここから縮めていく。

大後前監督はこう話す。

「ここからは上りで遅れた選手がタイムを取り戻す、あるいは逆転するチャンスポイントです。上りでつくったタイムの借金を、ここで返せる選手が出てくるんです。ただ、本来は上りも下りも得意な選手が5区で結果を残せるんですよ。城西大学の山本唯翔《ゆいと》君は、そういうタイプでしたね。今後は上り坂だけというよりも、彼のようにバランス型の選手が結果も記録も残していくかもしれません」

右に精進湖を見て坂を下っていくと、最後に大きなカーブをいくつか経て、元箱根に降りていく。

眼下に芦ノ湖が見えたとき、選手はいったい何を思うのだろうか。高揚感か、安堵感か、それとも不甲斐なさか。

芦ノ湖の手前を左に曲がり、箱根神社の第一鳥居を越える。ここまで来るとホッとしそうだが、恩賜箱根公園に至るまでにアップダウンがあり、意外と長い。

恩賜箱根公園を越えて下っていくと、一気に視界が開ける。

下りの直線コースの沿道には多くのファンや大学関係者がおり、選手の背中を押してくれる。大声援のシャワーを浴びて、選手は右に折れ、芦ノ湖湖畔のゴールに向かっていく。

最後、選手は、どんな思いを抱えてテープを切るのだろうか。

箱根駅伝がない普段の芦ノ湖湖畔の駐車場は、山の呼吸のように静かだ。

だが、1月2日と3日は違う表情を見せる。

とりわけ往路のゴールはカオス状態になる。

フィニッシュすると、笑顔の仲間に支えられて笑みを見せる選手。フラフラになって仲間に抱きかかえられる選手。自分の仕事をやりきったと安堵の表情を見せる選手。

いろいろな表情と感情が混在し、独特の空気が漂う。勝ったチーム以外はチームごとに集合し、簡単な反省会が始まる。それを心配そうに見守る関係者やファン、家族。

レースが終わったあとも、ここではまだドラマが続いているのだ。

5区区間賞のチームの勝率は6割超え

その時代時代で、5区という区間は表情を変えていった。

ゴールと6区のスタートが芦ノ湖湖畔の駐車場になったのは、1972年の第75回大会だった。元箱根のコースは、第76回大会にバイパスから市街地になった。

革命的な変化は、2006年、それまで20・9キロメートルだった区間が23・4キロメートルに変更になったことだ。小田原中継所だった鈴廣かまぼこの里の拡張工事により、第82回大会から小田原市本町にあるメガネスーパーに移動した。

「距離が長くなったことで、1区から4区までの借金がチャラになって、6区からの貯金がつくれるようになった。そのため、非常に重要な区間になりました。今の時代は70分から80分間のレースになりますが、この当時は80分から90分のレースでした。90分は、マラソンでいうとちょうど30キロを超えたくらいでしょう。この時間になると、生物学的に低血糖やエネルギー不足に陥りやすかったり、5区のような気温差が激しいところでは低体温症になったりします。実際、この距離になったとき、後半、フラフラになった選手が増えました。つまり、それだけ過酷で、きわめて差がつく区間になったんです」

大後前監督は語る。

2・5キロメートル増えたことにより各大学の戦略はもちろん、区間配置の選考にも大きな影響があった。

5区の難易度が上がり、かつタイムの収支のバランスを大幅に調整できるようになったため、箱根駅伝の戦略上、もっとも重要なポイントになった。それゆえ、平地区間でエースレベルの走りをする選手が5区に起用されるようになっていった。

「5区をしっかりと計算できるチームは、レース当日を含め調整の段階からゆとりをもてるんです。それはすごく大きなアドバンテージになります。レースが近づくと期待と不安、緊張感などがチームを取り巻きます。それが過度なストレスとなり、本番前に体調を崩したり、痛みが生じたりする選手が出てきます。でも、山のスペシャリストがいると、レースで多少遅れても慌てず、なんとかつないでいけばいいんだと考えることができる。そうなるとチームにも、各区間を走る選手にも精神的なゆとりが出てくるんです。それが選手個々のパフォーマンスを発揮するうえで重要なポイントになる。5区のエースは、チーム全体に大きな影響を与える存在になっていました」

わずか2・5キロメートルの延長が、歴史的かつ劇的な変化をもたらしたといえる。

このコースが採用された箱根駅伝で生まれたのが「山の神」だった。

今井正人、柏原竜二、神野大地の3人の「山の神」が生まれたのは、箱根駅伝の長い歴史のなかで、２００６年から２０１６年の間に凝縮されている。

５区は、綺羅星のごとくスターが誕生するなどドラマ性が高くなり、劇場型の駅伝になり、さらに盛り上がりが増していった。

だが、距離が長くなったことで様々な問題が生じた。

チームの総合成績に対する比重が大きくなり、他区間への興味が薄れていった。

実際、２００６年から２０１５年までの間、５区で区間賞を獲ったチームは10回中、10回と実に１００パーセントの確率で往路優勝を果たしている。総合優勝は10回中、7回であった。データが示すとおり、各校ともに、「山を制するものが大会を制す」と５区重視に走った。

また、低体温症や低血糖を発症する選手が多数発生し、フラフラになってゴールするシーンが増えた。そのため、選手の体を危惧する声が出た。逆に、４区の距離が短いことで、マラソンに順応できる選手の芽を摘み取っているとの声も上がった。

区間変更の協議が続いた結果、第93回大会に4区と5区の距離の変更が決まり、５区は、２・４キロメートル短縮されて20・８キロメートルになり、４区は20・９キロメートルに延びた。

「短縮されて、5区の距離は普通になりました。ただ、やはり5区は2区のエース区間同様に重要です。全10区間の貢献割合を100パーセントとした場合、理論上では各区間の貢献点はそれぞれ10%です。しかしながら、5区の貢献度は2区と同様、10%を超えていきます。年によっては20%、30%に膨れ上がる場合もある。5区は平地の1分を簡単にひっくり返してしまう。往路のアンカーでもあり、翌日のスタートにつなげるところでもあるので、どうしても重視せざるをえません」

大後前監督は、変わらない5区の重要性についてそう語った。

山のスペシャリストを探し出す

最重要区間の5区を制するためには、どう取り組むべきか。

もっともシンプルな方法は、坂に強い選手を5区に配置することだ。そのためにはスカウティングが重要になる。

過去スカウティングで5区の特性のある選手を見つけて獲得し、箱根駅伝優勝に結びつけることに成功したのが、神奈川大学だった。

1990年代後半、神奈川大学にはエース区間の2区で勝負できる選手がいなかった。

エース不在の台所事情ゆえ、平地区間では5位から7位くらいの間で粘ってもらい、5区、6区で区間賞を獲れる選手を置いて勝負しようと考えた。

そのために、全国高等学校駅伝大会のエース、準エース区間以外の選手や各県の駅伝で上り基調の区間を走る選手に目をつけた。

1997年の第73回大会、5区を駆け、神奈川大学の箱根駅伝初優勝に貢献した近藤重勝は、そんなスカウティングで獲得した選手だった。

京都・洛南高校では目立たない存在だったが、大後前監督が自分の目で見て、「山でいける」と確信して獲得した。

そのころは監督の目と足で選手を見つけられたが、今はインターネットやSNSなど情報量が増え、埋もれた良い選手を見つけるのは難しくなった。

大後前監督はこう嘆く。

「柳の下の2匹目のどじょうがなかなかいなくなってしまった」

入部してきた5区候補は、ほかの選手や在学の選手を含めて春からその適性をテストされ、夏合宿を経て、山に特化した練習に進み、さらに強化されていく。

箱根駅伝にエントリーするギリギリまで見極めていくという監督もいるが、理想的なスケジュールでいえば、春にはめぼしい選手をある程度見つけ、その選手を軸に夏合宿でしっかり準備させていく。

出雲駅伝（出雲全日本大学選抜駅伝競走）が始まると、あっという間に箱根がやってくる。そこですでに候補者がいて準備ができている状況であれば、それがチームにとって安心材料のひとつになり、余裕をもって他区間のメンバーを考えていける。

神野のように1カ月半前の練習でズバ抜けた走りを見せて、急遽、2区から5区に区間配置が変更されるケースもあるが、これはレアケースだろう。

スペシャリストのつくり方

5区の候補選手たちは、どのような練習をしているのだろうか。

千葉県茂原市や長野県菅平、霧ヶ峰、埼玉県の東松山や浅間山の坂で練習をしているが、たとえば、ある大学は、富士山が7月に山開きした際、5合目から7合目まで走っていく。そこまで行くと2100メートルほどあり、どんどん空気が薄くなっていくなかで上りを経験しておくのが狙いだ。

また、別の大学では、富士山の麓にある陸上自衛隊の富士駐屯地から水ケ塚公園（標高1500メートル）まで20キロメートルを走ったり、その公園から表富士宮口5合目まで15キロメートルを走ったりしている。その場合、標高2100メートルまで行くことになり、足や心肺が相当に鍛えられることになる。

大後前監督はこう語る。

「第80回大会で今井君が出てきて以来、5区のレベルがどんどん上がってきました。それまで全員同じ練習をさせていて、そのなかで上りの特性のある選手を5区に起用したんです。でも、レベルが上がっていくので、日常からスペシャリストを育てていかないといけなくなった。うちのような平坦区間で勝負できないチーム構成では、5区の特殊区間において強化を図り、チャンスをうかがうことが箱根で勝つために必要なのです」

第3章　魔物が住む山

今も各大学は、5区、6区の要員を数名決め、夏には坂に特化した練習を組む。そうして本番を想定したトライアルで勝った選手を5区に置くのが定石だ。

神奈川大学が勝っていた時代は、5区にフォーカスし、この区間の選手を育成して強化して山で勝負した。それで勝てた時代だった。その後、「山の神」が生まれ、よりいっそう5区重視の駅伝になっていった。

昨今はレースが高速化し、1区から出遅れないことが必須になった。「山で勝負」や「復路で逆転」というよりも、先行逃げきり型の駅伝が主流になっている。2022年シーズン、出雲駅伝、全日本大学駅伝、箱根駅伝で優勝し、3冠を達成したときの駒澤大学はまさにそのスタイルで、第100回大会で優勝した青山学院大学もしかりだ。とはいえ、5区の重要性が薄れたわけではない。むしろ、余裕をもって5区に入るための準備として、先行逃げきりが重要になっている。

勝利を手繰り寄せるため、停滞したレース展開に変化を起こすために、エース級の選手を置く流れは今も昔も変わらない。

第100回大会で総合3位になった城西大学の櫛部《くしべ》静二監督は、2区で区間賞を獲れるレベルの山本唯翔を、5区に置くことで、同大学史上最高の結果を出した。

5区に山本を起用した理由を、櫛部監督は試合後にこう語った。

「本人は、2区を走りたかったようですが、前年に区間新を出していた選手ですし、チームのために、チームとして成功させるために5区を任せました。やはり、箱根で結果を残すためには、5区の山が非常に大きい。彼が5区にいたので、その前の選手は伸び伸びと目標タイムどおりに走れていましたし、彼自身も5区区間新でチームに貢献してくれた。唯翔の5区は大きなポイントだったと思います」

山本は、雨の中、ほぼ同距離の旧コースで今井が第81大会に出した記録(1時間09分12秒)に迫るタイム、1時間09分14秒をマークし、往路3位に城西大学を導いた。

どれだけスピードが増しても、平地で1分を覆すのは、容易ではない。

だが、山ならそれが可能だ。1分といわず、3分、4分だってひっくり返すことができる。そんな勝負ができる区間は、5区の山しかない。

だから、監督は山を重視し、選手は「神」という山の称号を得るべく、山上りへの挑戦をやめない。

5区には、駅伝のいろいろな要素が凝縮されている。

こんなにも怖くて、残酷で、そして、おもしろい重要区間はほかにないのだ。

第4章

同郷の神に憧れて

同郷の「山の神」との出会い

「この人、はやっ！」

柏原竜二が衝撃を受けたのは、５区を駆ける順天堂大学の今井正人の姿だった。

２００７年の第83回大会、今井は小田原中継所において5位で襷を受けると徐々にテンポを上げ、次々と前をいく選手を捕らえては置き去りにしていった。そうして、４人抜きの区間賞で往路優勝に導く快走を見せた。

「このときの今井さんに憧れて、５区を走りたいと思ったんです」

この大会後、都道府県駅伝で、当時、高校2年だった柏原は、福島県のチームに入り、今井の付き添いをする機会があった。福島では、連日、今井の快走がニュースで取り上げられていた。

「もう、福島では知らない人がいないくらいでした。僕も『すげえ人がいるんだ』と思いましたし、５区に対する興味もあったので、都道府県駅伝のときに『5区って、どんな区間ですか』と聞いたんです。すると今井さんは、『すごく大変だけど、やりがいがある区間だよ』と教えてくれたので、５区への興味がさらに膨らみました。そのとき、『今井さんが見ている景色は、どんな感じなんだろう』と思ったんです」

それまで柏原は、他人にまったく興味がなく、箱根駅伝にも関心がなかった。貧血体質でレースの後半、失速することが多く、なかなか結果を出すことができなかったので、競技に対する自分への期待もあまりもてなかった。だが、突然、目の前に現れた「山の神」によって、走るための目的、そして大きな目標ができた。

「今井さんに出会っていなかったら、僕は『山の神』として、今、存在していなかったと思います」

その日から、今井のことを追いかけるようになった。今井が目標になったこともあるが、同じ福島県出身というのも大きかった。

「福島県は、陸上に対する熱が非常に高いんですよ」

福島県では1989年から、毎年11月に、ふくしま駅伝（市町村対抗福島県縦断駅伝競走大会）というレースが開催されている。市町村対抗で中学生から社会人まで男女16名が襷をつなぐ駅伝だが、これが県民にすごい人気で、毎回、視聴率は20パーセントを超える。

現役の選手への注目度も高いが、駒澤大学監督の藤田敦史、佐藤敦之を始め、名だたる福島の名士の情報がそこで取り上げられる。そのため、多くの福島県民が往年の選手の名前を知っており、今も応援を続けている。

九州も駅伝や陸上に対する熱が沸騰しているが、応援のベースが違う。

「僕が思うに、九州は母校愛やチーム愛が強く、そのチームを応援する感じです。福島は、チームも応援しますが、どちらかというと福島県出身の選手を応援するスタイルです。ただ、おもしろいのは、たとえば学法石川（学校法人石川高校）とかは県外の選手も多く、選手が全員、福島県出身ではないですが、高校生活を福島で送ってくれた、青春時代を福島で過ごしてくれたということで、福島の人は県外からきた選手にも愛情と思い入れをもって応援してくれるんです」

他県にいけば、宮城県の仙台育英学園高校を始め、陸上に強い高校がたくさんあるが、福島には福島県に残って競技を続ける選手を応援していこう、選手をしっかり育成していこうという風習がある。

そのため、高校の先生のネットワークがしっかりと構築されており、練習や記録会などいろいろなことを共有して、議論しながら育成強化を進めている。

また、福島県は、他校の選手との交流も多い。柏原の高校時代は、選手間のネットワークができていて、練習メニューを共有したり、夏に4泊5日で合宿をしたりして、交流を深めていた。普段は自分のチームで活動するが、県内で違うチームの選手が一堂に集まって合宿するのは、ほかの地域ではあまり聞いたことがない。

「各高校それぞれ、いろんな考えがあるし、自分たちさえよければという感じのところもあります。でも福島はチームがいちばんという前提はありますが、それを一度置いて、プラス地域で育てていく。本当にすごく特別な地域だと思います」

福島県の応援文化、支援の輪は、円谷《つぶらや》幸吉の影響もある。

円谷は、1964年東京五輪のマラソンで銅メダルを獲得した偉大なランナーであり、福島出身ということで柏原たちの先輩にもあたる。

柏原は幼少のころから母に円谷の話をよく聞かされており、そのことでマラソンはどういうものなのかも知ることができた。彼の快挙により、県民はランニングの魅力を理解し、それが走る子どもたちを支える県民性を生んでいった。その後、藤田や佐藤ら日本のマラソンで活躍する人が増えて、福島がまた盛り上がった。そういうサイクルが続いているがゆえに、福島は走る人に理解が深い地域になっている。

「高校のとき、佐藤修一監督と佐藤敦之さんが仲が良く、たまたま自分たちの近くで合宿をしていたのもあって、宿舎に来てくれたんです。佐藤さんの話を聞いて、『本物は違う』と思いました。その後、全国都道府県駅伝で一緒のチームになったのですが、『やっぱり来たね』と言われたときは、まだ何者でもないのに陸上の選手として認められたような気がして、とても嬉しかったです。福島県は、そういう人の縦のつながりをすごく大事にしているんです」

柏原は、福島県というだけでシンパシーを感じるという。

「山口智規君（学法石川―早稲田大学）は千葉県出身ですが、学法石川高校で3年間、競技を続けてくれたのですごく親近感がわきます。松山和希君（学法石川―東洋大学）は栃木県出身ですが、山口君と同じく高校時代、すごくがんばっていましたし、しかも母校の後輩でもあるので応援しています。福島県には、ほかの人から見ると、独特の流れがあるように見えますが、僕らにとっては普通のこと。そういう流れのなかで生きてきたので、特別なことではないんです」

柏原の深い郷土愛は、幼少のころから地元の人の支えと愛情によって育まれたものなのだ。

就職予定からチャンスをつかむ

高校3年になり、柏原は当初、就職を考えていた。

6人兄弟で、上の3人は家庭の経済的な事情もあり、進学せずに高卒で就職をしていた。柏原は、学校の成績は普通くらいで、競技の実績もなかった。この状態で大学進学は考えられず、就職が現実的な選択だった。

進学にシフトするキッカケになったのは、夏の国体県予選だった。

「5000メートルで14分30秒を出すことができなかったら、陸上をやめて就職しようと決めていました。このタイムを切れないと推薦されないだろうし、そもそも大学に行っても活躍するのは難しいと感じていたからです。これが最後の勝負と決め、走ったら14分30秒が出て、このとき、大学への道が開けたかもしれないと思いました」

それまで悩まされていた貧血が改善されると、福島県総体5000メートルで2位、東北総体5000メートルでは3位と、小学生時代から強かった持久力を発揮し、走りの才能が開花した。

12月の日体大長距離記録会5000メートルでは、今井正人が記録した14分07秒44

の福島県高校記録を更新する、14分01秒50をマークした。

「僕はそのころ、東洋大学の大西智也さんに憧れていました。高2のときに見た箱根駅伝の1区で東海大学の佐藤悠基選手が飛び出したとき、唯一、食らいついていったのが大西さんでした。先頭に粘り強く食らいつき、あきらめないで走る。自分のレースのスタイルと重なるところがあったので、こういう人がいるチームで走ってみたいと思ったのです」

国体での表彰式のとき、当時、東洋大学ＯＢで学法石川の監督だった酒井俊幸がいたので、ストレートに聞いた。

「どうしたら東洋大学に行けますか」

酒井はすぐに、東洋大学のコーチであり、スカウティング担当の佐藤尚に連絡をして、「柏原というのがいるのだけど、どう?」と聞いてくれた。すると、国体が終わってすぐに会いにきてくれた。

「そのときは、東洋大学に行きたいけど、うちの経済的な状況を考えると難しかった。すると佐藤コーチが、『1週間くらい待ってください。上と話をします』と言ってくれたんです。高校の陸上部の佐藤監督からは、『おまえは大学に行ってやるべきだ』と言われていた。でも、成績も実績も先立つものもなく、大学の監督やコーチの後押しや経済的なサポートがないと難しい。しばらくドキドキしながら待っていました」

その後、佐藤コーチから連絡があり、東洋大学への進学が決まった。

国体県予選で千載一遇のチャンスをつかみ、希望の大学に進学することができたが、その前から柏原を高く評価し、熱心に勧誘してくれた大学があった。

麗澤大学と専修大学だ。とくに麗澤大学の平澤元章監督は最初に声をかけてくれたうえに、何度も福島に足を運んでくれた。

「それは、僕みたいななんの実績もない選手にとって、とてもありがたいことでした。最終的に東洋大学に決めたあと、佐藤監督からは、『私から麗澤大学に連絡しておくから大丈夫だよ』と言われたのですが、非常に熱心に声をかけてくれたので、一度話をしようと平澤さんに連絡をしました。その後、東北高等学校駅伝競技会にもわざわざ見にきてくださって、『いいね、がんばっているね』と声をかけていただきましたし、関東インカレでお会いしたときも『活躍してくれるのはすごく嬉しい』と言ってくださって、本当に嬉しかったです」

それ以来、柏原はＯＢではないが、麗澤大学を応援している。２０１８年に行われた第95回大会の予選会で12位（次点）、第96回大会が11位（次点）で惜しくも箱根を逃したときは、自分のことのように悔しかったという。

東洋大学に入学してからは、5区一本だった。

新入生歓迎会でも、「自分は5区を走りたいです」と宣言した。入学したときには、前年に5区を駆けた釜石慶太を始め、5区の候補が数名いた。そういう選手を前に、「走りたいです」と言ったところで結果がついてこないと「何、言ってんだ、こいつ」と思われてしまう。

5区を走るために、柏原はとにかく結果にこだわった。

「僕は、都大路にもインターハイにも出ていないですし、なんの実績もなかった。そういう選手が自分のポジションをつかむには、結果を出すしかなかったのです」

高校の佐藤監督にも、「おまえレベルの選手はたくさんいる。1年目から結果を出さないと箱根は走れないぞ」と言われており、なおさら結果を出すことへの欲求が強かった。

柏原は、有言実行していく。関東インカレ10000メートルで日本人トップの3

位、5000メートルで5位と結果を出した。

その勢いのまま夏合宿に入り、数名の5区候補と山対策として新潟県長岡市の山古志地域や宮城県の蔵王町で走り込みをした。山古志地域は山の中にあるが、まったく涼しくなく、しかもアップダウンが永遠のように続く。そこを黙々と走るのだが、「とにかくしんどい」という毎日だった。

このとき、柏原と一緒に練習をしていたのが、釜石だった。

「柏原は、入学してきたときから、とんでもない強烈な個性を放っていました」

柏原はインターハイも都大路も走っていない。スカウトが目を引くような走りではないが、いざ走るとその走りっぷりの良さや強さのようなものが感じられた。1年生ながら結果も次々と出していた。釜石はこう振り返る。

「本当に実戦に強い選手でしたね。しかも、18歳ながら自分の世界観をもっていました。ご飯に誘うとほかの1年生は喜んでくるんですけど、彼はまったくのってこない。練習では、先輩に『ついてこいよ』と檄を飛ばすタイプで、先輩にまったく物怖じせずに接していました。僕らは、彼の良さを生かすために、あえてあれこれ言わず、みんなで見守っていこうという話をしていました」

5区は、その柏原と競うことになった。

釜石は1年時は5区17位、2年時は5区13位と結果を出すことができなかった。「三度目の正直でチームに貢献する」と覚悟をもって、3年目も5区出走を狙っていた。柏原は良い選手だが、坂は経験のある自分のほうが走れると思っていた。だが、夏合宿のトライアルで思わぬ結果が生じた。

「柏原に、けちょんけちょんにやられました。彼は、音を立てるようにガツガツと上っていくのですが、本当に力強いんです。後ろから見ていてすごみを感じましたし、『こいつには勝てない』と思いました」

釜石は、5区のリザーブとサポートにまわった。

夏合宿でしんどい練習が続くなか、柏原の救いになったのは地元の人たちだった。

「僕らにめちゃくちゃ協力的で、走っていると道を空けてくれたり、練習が終わって宿舎に戻ると、近所のおじさんが差し入れしてくれたり、応援してくれているなというのをすごく感じました。そういう環境でしっかり走り込みができたので、5区を想定したタイムトライアルで一番の結果を出すことができたんです」

夏が終わるころ、川嶋伸次監督に呼び出されて、こう言われた。

「5区は柏原でいく」

体がカーッと熱くなった。

「よし！」

そう心の中で、叫んだ。

冷静と情熱の間で

箱根の区間配置が決まると、その区間を走る選手はコースを車などで見て回り、コースの分析をする。しかし、柏原は、5区に決まってもコースの分析をしなかった。

「分析とかあまり好きじゃないからです。僕は、定点観測地点から次の地点までのタイムとか気にしなくていいと思いますし、『前半このくらいで入って、このくらいのペースで押して、後半にこのくらい上げていこう』というのも必要ないと思っています。気象条件は毎回違うし、当日のコンディションも違う。襷をもらう位置も違う。このくらいのタイム差で来てくれるのが理想的とかよく言うじゃないですか。でも、駅伝でそんなにうまくいくことはないんです。シミュレーションをして、ひとつでも異なるものが出てくると人間の心って不安になっていくし、どうしようと思ってしまう。それは、山を上るうえで、マイナスでしかないんです」

柏原が唯一していたのは、コースを頭に入れることだった。

「これがいちばん重要なことで、寝る前にいつもコースで走る自分をイメージトレーニングしていました。何でもそうですが、自分が戦う場所を知らないのは戦う以前の問題です」

それでもスタートしてから最初の5キロメートルでは、一応、タイムを確認した。これはその日のコンディションや足の軽さを確認するためで、タイムが速いか遅いかは、気にしない。4年時に区間新記録を出した際は、最初の5キロメートルは15分05秒で入り、過去いちばん遅かった。遅いと普通は焦ってしまうが、柏原はそれよりも自分の感覚を大事にしていた。

「前に人がいようが後ろから追ってこようが、関係ないですね。スタートしたら自分の走りに集中し、徹していけばいい。もちろん、1区とか2区とか競り合うシーンが多いところは他選手の様子を気にしないといけないです。でも、単独走になると、自分のパフォーマンスを最大限に発揮することが重要なので、そう考えるとほかの選手のことを考える必要はないんですよ」

とはいえ、人が前にいれば、追おうと本能的に動いてしまうのがランナーの性《さが》である。また、襷を受け取る際、タイム差がなく、強い選手が近くにいれば、どうしても緊張してしまう。

「僕の場合は、朝起きた瞬間に今日、走れるかどうか見えています。だから、とくに緊張を解くことも、レースに臨む際のルーティンもありません。どうしても緊張してしまう場合は、緊張して当たり前と思ったほうが楽になります。緊張すると余計なことをしがちなので、緊張していることをどれだけ認められるのか。この緊張したなかで自分がどれだけ準備ができているのかというのを把握することが大事です」

また、柏原は、山を走る際は5区にとらわれてはいけないという。

「箱根の希望区間を聞かれて、『5区を走って山の神になりたい』という選手がけっこういるじゃないですか。そういう人は、発言してしまうことで自分に大きなプレッシャーをかけているんです。注目され、緊張し、力んでしまって結果が出ない。2大会続けて結果を出した城西大学の山本唯翔君は、5区にとらわれていないんです。トラックでしっかりパフォーマンスを上げて箱根に臨むという、非常にシンプルな姿勢で臨んでいた。それが山で結果を出すのに、いちばん大事なことなんです」

山に強くなろうと山だけ走っていても、本当の強さには結びつかない。山の適性には個人差があるが、基本はトラックでのスピードも含め、あらゆる要素を高めていかないと5区で勝つことはできない。柏原は、平坦な道もトラックもたしかに速かった。

2009年の第85回大会、柏原が小田原中継所で待っていると、佐藤監督代行から電話がかかってきた。

「5分くらいの差で来る。とりあえず3番くらいで行ったらいいから。それだと明日チャンスが出てくるから」

柏原は、その言葉にカチンときた。レースという真剣勝負において3位でいいとかありえない。冗談じゃない。

「イヤです。僕は、今日、勝つために走るんです」

厳しいトーンでそう言った。佐藤監督代行は、困ったような口調で、こう伝えた。

「わかった、もういい。好きにしていいよ。でも、無理すんなよ」

このことは、数年前の柏原の結婚式のときにもエピソードとして語られた。

「こいつは、人の話を聞かない。でも、走りは素晴らしかった」

そう佐藤が言うと、場内には笑いが広がった。佐藤の指導経験から、ここまで言いきる選手はいなかったのだろう。このときの言葉を含め、柏原が与えたインパクトの大きさがうかがえる。

レースは、ややオーバーペース気味に入った。それでも勝算はあった。本番の朝、78分台で山を上る初夢を見たので、このくらいでもいけるかなと思っていた。

「9位からスタートしたのですが、順位を上げていくなかで僕が区間賞争いをするだろうなと思って気にしていたのが、山梨学院大学の高瀬無量さんでした。高瀬さんは、1年目、区間6位でしたが、2年目、山に特化しているのは聞いていたんです。5区をスタートしたときは2位でしたし、僕との差も4分以上ありました」

高瀬は、猛烈な走りでトップの早稲田大学の三輪真之に追いついた。

だが、その後、三輪に離されて一気に落ちていった。高瀬のまさかのブレーキ（区間22位）が、柏原にとっては良い意味での誤算になった。

「高瀬さんは2年目なので、ジンクスに自分を当てはめてしまったのかなと思います。

一度、山を走った選手は、『次どうしよう』『どうやって山を攻略しよう』って考えるんです。でも、そうじゃないんですよ。山で結果を出すには、山だけじゃなく、全部をパワーアップしないといけないんです。それは、2年目のジンクスからいかに逃れるかというテーマの答えと同じで、シンプルにトラックも坂もがんばってパフォーマンスを上げていくしかない。山を走ることを複雑怪奇に考える必要はないんです」

柏原は、そのために「練習が大事だ」と言う。

ケガをせず、1日1日のトレーニングをしっかりこなす。ただ、与えられたものをやるだけではなく、これはなんのためにやるのか、自分の頭で考えてやっていく。

「考えないと成長しません。よく、10000メートル10本とか、1本目から9本目までペースを刻んで進めたあと、最後の1本とか、ラスト400メートルとか、上げて飛ばす人がいますけど、僕はそういうのが大嫌いです。ラストだけ上げるとアドレナリンが出て、出しきったとか、やりきったと感じて、その感覚だけで満足して終わってしまうんです。最後にフリーで出しきる練習ならいいですけど、そうではなく1本目から9本目まで余裕があって、最後の10本目だけ出しきるのは違う。だったら最初から全体のペースを上げて、パフォーマンスを高めていったほうがいい」

高瀬に並ばれた三輪は、「プランどおりだった」と柏原は見ていた。追いつかれることをイメージをしていたので、それまで力を使わずに、追いつかれても引き離されないことを重視していた。

一方、高瀬は三輪に追いつくまでにかなり力を使っていた。

「並んでから突き放していく。早稲田の戦略勝ちというか、さすが早稲田は賢いなと思いましたね」

高瀬に戦略勝ちした三輪に柏原が追いついたのは、19・23キロメートル地点だった。このとき、いちばん頭を使い、考えた。

「ここで横についたら逆に離されるだろうか」

おそらく、三輪も柏原の足音を聞きながら考えていただろう。後ろについてくるのか、それとも突っ込んでくるのか、と。

「僕は、絶対に後ろにつかずに前に出ようと決めていました。今、後ろにつくと自分のリズムが狂ってしまうと直感したからです。リズムが合わないと後ろについてもマイナスになってしまう。自分のリズムで上ること、それは終始一貫していました。もうひとつそう決めたのは、下りが嫌いだったからです。下りに入って勝負するのは分が悪いので、勝負するなら下る前だと踏んでいました」

レースは、柏原の読みどおりに動いた。1回抜いたあと、下りで三輪に追いつかれて、20・82キロメートル地点で抜かれた。下りは無理せずついていき、元箱根の平地での勝負に切り替えた。前半からハイペースで入っていたので、足がもう限界だったのだ。

「元箱根の平地では、『ここで引いたらダメだ』と思っていました。三輪さんを抜き返してからは、いっさい、後ろを振り向かなかったです。それをすると三輪さんに『こいつ、不安なんだな』と思われて、気持ちを回復させてしまうからです」

歯を食いしばり、必死の形相で走り続けた。最後の直線に入ると、視界がパっと開け、まぶしかった。大鳥居をくぐってからはほぼ日陰だが、ここに出ると太陽に照らされ、しかも道路が白いので一気に明るくなる。

大歓声の花道を駆け抜け、ゴールラインの先に仲間が待っているのが見えた。

「やっと終わる」

そう思い、ホッとした。ガッツポーズでゴールテープを切り、東洋大学初の往路優勝を実現した。

　ゴールしたとき、自分の時計を止めたら77分と出ていたので、「あっ、77分台だ」と驚いた。だが、どこかで自分が時計を止めていた可能性があるので、信じていなかった。様子を心配して見にきた佐藤監督代行から、

「いやーおまえ、77分台出ちゃったよ。びっくりだよ」

と言われ、それを聞いたとき、「ああ良かった」と嬉しさがこみ上げてきた。

「やったと思いましたね。でも、この結果で、自分が今井さんを超えたという意識はなかったです。今井さんと一緒に走っていたら、どういうことが起こったんだろうって思いましたが。ただ、今井さんが見ていた景色を見ることができたのは嬉しかった。こういうことだったのかと思いました」

　ひとつひとつのシーンは、あまり覚えていなかった。鮮明に残っているのは、小田原中継所だけだった。思い返せばレースは、すべて苦しかった。宮ノ下から小涌園までの坂を始め、最高到達地点からの下りなど、苦しくないシーンはひとつもなかった。

「突っ込んで入ったまま最後まで行ったので、本当にきつかった。でも、優勝できて良かったです。それで報われたと思いました。1年目は、実力というよりいろんな運が重なって勝てたんだと思います。ただ、あえてひとつ結果を出せた要因があるとす

れば、5区を走った誰よりも勝ちたいという気持ちが強かった。それは自信をもって言えます」

初めての箱根駅伝で、柏原は区間新記録で総合優勝に貢献した。

一変した学生生活

高校までスポットライトが当たらない日々を生きてきたが、1月2日を境に柏原はヒーローになり、自分を囲む世界が一変した。

高校2年生のときに見た、今井のようにメディアに大きく取り上げられ、日本全国に顔と名前が一気に広がった。それ自体はありがたいことだが、ただの大学生だった柏原にとって、その事態がよく飲み込めなかった。

有名になんかなりたくないのに、学校内外でジロジロ見られたり、知らない人に声をかけられたり、どこに行っても見られている感じがして落ち着かなかった。

もう外に出たくないとさえ思った。

「メディアの『すごい』という見方と、1人のランナーとして、『まだまだこれからなのでもっと速くなりたい』という自分の考えのところで、すごいギャップを感じました。知らない人に見られるのもイヤでしたが、何がいちばんイヤだったかというと、競技者として評価されなくなることでした」

柏原は速くなりたい、自己ベストを出したい、そう思って練習し、結果を出すことがなによりも大事だと思っていた。しかし、関東インカレで5000メートルと10000メートルで日本人トップを獲っても、ユニバーシアードで10000メートルで8位になっても、国際千葉駅伝で学生選抜として1区5位になっても評価されなかった。そういう記録よりも先につくのは、いつも「山の神」だった。

「箱根以外の結果や努力のところなんて誰も見ていないし、報道もされなかった。だから、箱根駅伝のブランド力が本当に嫌いでした」

今、柏原はメディアの側に立って仕事をする機会が増えた。

そういう経験があるので、「イヤなことがあれば言ってください」「イヤなことは言わなくてもいいですよ」と選手に伝えている。

「メディアの人は、わりと自分が考えているストーリーに選手を誘導尋問していきますが、選手が言いたいところはほかにあったりするんです。また、陸上を普段から見ていない人は、選手の表面的なところや箱根のいいところだけを切り取る。そのレースの背景にあったことや、選手の普段の努力とか知らないので、どうしても切り取りの映像や記事になってしまう。僕は、それでイヤな思いをした経験があるので、個人としては選手のありのままの姿をとらえ、それを見た人がどう判断するのかという立ち位置で、今、仕事をしています」

自分に対する視線やまっとうに評価されない現状に不満を募らせ、箱根が近づくにつれ、練習に集中できない環境に苛立った。4年になり、主将になった釜石は、柏原の様子を見て、これは放っておけないと判断した。

「柏原は、1年目、5区区間新を出した走りで注目されると、『山の神童』、次に『山の神』といわれるようになりました。でも、有名になったことで彼自身、いろいろストレスを抱えるようになっていました。2年目は、エースになった柏原への関心がいっそう高まっていったんです。とにかく、柏原、柏原で、箱根前は大勢の人やメディアに囲まれる感じで、本人はかなりイライラして、ピリピリしていたんです。それが顔にも出ているので、これは相当だなと思い、あるとき大浴場で声をかけたんです」

釜石が声をかけると、柏原は憮然とした表情で、

「なんで、こんな取材を受けないといけないんですか」

「OBがいろいろ言ってくるんですよ」

「普通に遊びにいっても自由に遊べない」

など、腹の中に溜まっていたものを吐き出した。1年目に区間新記録を出したので、次も当然のように期待してくる声に対しても聞き流すことができず、「次も区間新とか簡単にいうけど、そんなに簡単なもんじゃないですよね」と声を荒らげた。

「柏原は、1年生のときから先輩に臆せず、言いたいことを言うけど、そのぶん競技では前に立ち、チームを引っ張ってきた。でも、外からの声は意外と気にするし、自分たちからすれば、そんなの放っておけばいい、言わせておけばいい思うことも、真正面から受け止めてしまう。競技では豪快な走りを見せますが、周囲の見方や外圧みたいなものに対してはすごく繊細でした。箱根の前は、いろんなところから『区間記録更新してください』とか、さも簡単に更新できるかのように言われることに対しても、かなりストレスを抱えていましたね」

釜石は、最終学年ながら故障などの要因で箱根に立つことができないと自覚してい

たので、エントリーされた選手1人ひとりが力を発揮できるように気を配っていた。

とりわけ、5区のエースがストレスで自分の走りができなくなってしまうと、2連覇を目指すチームにとっては致命傷になりかねない。硬い表情のまま、苛立ちを隠さない後輩に対して、釜石は、こう声をかけた。

「周囲のために走っているわけじゃない。自分の競技人生だし、昨年の箱根から今回、どんな箱根にしたいのか。それだけ考えて走ればいいんじゃないかな」

釜石は、自分の言葉が響いたかどうかはわからなかったが、柏原は本番で釜石の言葉に応えるような走りを見せた。2010年の第86回大会、77分08秒で駆け、2年連続で区間記録を更新し、2年連続の総合優勝に貢献したのだ。

「あれだけいろんなストレスを抱え、ブーブー言っていたのに、これだけ走れるのはすごいメンタルだなと思いました」

最終学年でも、柏原は主将として勝たないといけないプレッシャーのなかで山を上り、区間新記録をマークしてチームを総合優勝に導いた。釜石は、感嘆の表情でこう言った。

「やっぱり、こいつ、怪物だなと思いました」

勝利に対する想いとこだわり

大学3年の箱根は、春に右膝を故障して長引き、なかなかチームに貢献できなかったが、なんとか間に合わせた。柏原はトップの早稲田大学と2分54秒差の3位で襷を受けると、あっという間に2校を抜き去り、往路優勝に貢献した。

だが、総合優勝を逃し、自分の走りも含めて悔しさしか残らなかった。

大学4年になり、主将になった柏原は、箱根駅伝の「王座奪回」を目標に、チームづくりを進めていった。このとき、チームのスローガンになったのが、「その1秒を削り出せ」だった。前年に優勝を逸し、タイトルを奪回するためには1人ひとりが横着せずに、全力を出しつくし、1秒を全員で背負うという意味合いがあった。

「僕は主将でしたけど、同期がけっこういろいろやってくれたので、本当に助かりました。だからこそチームがまとまりましたし、結果としてスローガンをみんなで具現化することができたんです」

2012年の第88回大会、小田原中継所の柏原は、過去3大会では経験したことがないほど清々しい気持ちで、4区を走る1年生の田口雅也が来るのを待っていた。

「1区から4区までの選手ががんばって、トップに立ったんです。初めての経験だったので、本当に嬉しかった。このとき、僕が着ていたのはいつものTシャツにアームウォーマーなのですが、実は4年間、同じユニフォームだったんです。Tシャツは、毎年新しいのが出るので、ナイキから『新しいウェアを着てほしい』と言われていました。でも、新しい素材があまり好きじゃなかった。僕は1年生のときのウェアがいちばん肌に合ったので、そこはこだわっていました。しっかり4年間、貫かせてもらいました」

中継所を出て走り出すと、初めてなんのプレッシャーも感じず、自分が思うように走れる喜びを感じた。

「トップだったので、このまま78分台で走れば往路優勝は間違いないと思っていました。優勝できれば区間記録の更新はどうでもよかった。前のように記録を出して自分を超えていくという考えもなかった。メディアからは、『柏原は2年のときの区間記録を超えることはないだろう』と言われていたので、それを打ち破りたい気持ちが多少はありましたけど、練習でやってきた自分のパフォーマンスを再現することに集中して、記録にはまったく固執していませんでした。むしろ、4年間で初めて、自分の思ったとおりのプランで走れると思うと、ワクワクした気持ちでした」

気持ちに余裕があったのか、5キロメートルの入りは、15分05秒と過去4年間でいちばん遅いラップになった。酒井監督からは、

「いいよ。山からちょっとずつスピードを上げていこう」

と言われたが、マイペースを貫いた。沿道からの声は、ほとんど耳に入らなかった。ときどき、高校の先輩の姿が見えてハッとし、意識がそっちに行くが、すぐに自分を取り戻して走りに集中できた。

「1年のときのように、ゾーンに入った状態で走っていました」

小涌園まで上がってくると酒井監督から、「ここから上げていこう」という声がかかった。このときは、柏原自身も「上げていかないといけない」と思っていたのでペースを上げた。5区のデータ上、いちばん差がつくポイントでペースを上げたのだが、実際に小涌園前から最高到達地点までのラップは、20キロメートル地点で自らの区間記録（66分51秒）より12秒（66分39秒）ほど速かった。自分の走りができていたので、

「普通に区間新は出るな」と思っていた。

「このとき、僕らの目標は、圧勝して勝つことでした」

柏原はレース前、みんなにこう話した。

「2位以下の全部の大学を繰り上げスタートにするつもりでいこう」

そのために、できるだけ貯金をつくることを自分に課した。

「区間記録を29秒縮めて往路優勝できましたし、2位の早稲田大学に5分07秒の差をつけることができた。それに甘えず、最後まで攻めの姿勢を崩さないで優勝することができた。大会新記録の10時間51分36秒で、2位の駒澤大学に9分02秒の差をつけて優勝できたので、目標が達成できて本当に嬉しかったです。これで箱根をやり遂げた感がありました」

5区で三度の区間新を出し、三度の総合優勝に貢献した。柏原は山ばかりが強調されるが、彼の競技者としての本当のすごさは勝利に対する想いとこだわりだろう。

大学4年の第43回全日本大学駅伝では、トップの駒澤大学に大差をつけられていた。アンカーの柏原はそれでも全力で疾走し、ゴールしたあと、膝から崩れ落ちて号泣した。みんながあきらめムードでいたなか、柏原だけがただ1人あきらめていなかったのだ。その姿勢に胸を打たれ、選手たちは逆に、柏原を支えようと奮い立った。

その結果が、この圧倒的な優勝だった。

山を下りてからのその後

東洋大学を卒業したあと、柏原は富士通に入社した。

マラソンに取り組もうと考え、トラックで結果を出しつつ、準備していく予定だったが、レースに出たり、記録会に出たりしても、「山の神」がついてまわった。

「それを超えようとしたのが今井さんであり、神野君だと思うんです。でも、僕は、その前にどんどん自分じゃない自分をつくり出されているような気がして、それを超えてどうしようとか考えられなかった。『メディアにつくられている柏原は、僕じゃないんだ』って抵抗していました。当時の僕は、コミュニケーションを取ること、自分の考えを表現することがうまくできない人間だったんです。自分は、こうなんだという表現方法が見つからなかったので、『違うんだ』としか言えなかった。精神的にけっこう苦しかったですね」

だが、実業団に在籍している以上、苦しんでも走って結果を出さないといけない。

マラソンに取り組んだが、2年目の冬にアキレス腱を痛めて、そこから5カ月間、走れなくなった。復帰して走ってみると、「これは、自分の体じゃない」と、かなりの衝撃を受けた。そこまで長く休んだことは、学生時代を含めてなかったので違和感だらけだった。それから故障が増えた。故障を治しては復帰し、また故障しては治して復帰することを繰り返し、アキレス腱が慢性的に痛くなった。

「多くの人は、それは箱根駅伝の影響だといいますけど、それはぜんぜん違う。マラソンの練習の影響でした」

2年目のシーズンは、いい練習ができていた。40キロメートルを走った次の日に3000メートル5本をすべて8分台でやり終え、それでも体に余裕があったので、競技場から宿舎までの10キロメートルをジョグして帰っていた。それが普通にできていたので、やりすぎていたことに気がつかなかった。

「ある日、朝起きたらアキレス腱がすごく熱くなり、そこから痛みが出て……。それからダメになっていった。最終的に仙腸関節を痛めてまともに走れなくなり、『もう無理だな』と思って27歳で引退しました」

「引退が早いよ」「まだまだできるじゃん」と、いろいろな人に言われた。

だが、柏原が富士通に入社したのはマラソンをやりたかったからだ。初マラソンは2015年のシドニーマラソンで2時間20分45秒をマークした。このタイムが生涯べストになった。駅伝やトラックレースに絞れば、もしかするともう少し長く、競技を続けられたかもしれないが、柏原はマラソンにこだわった。

「マラソンができない競技人生は考えられない。でも、できないのだからしようがない。それが人生だと思うしかない。僕は、自分のやりたい競技をやる。その軸をぶらしたくなかったんです。それに、今後のキャリアについても考えていました。27歳でやめても、同期はもう5年間働いているのですごい差があるし、半分も仕事ができないという焦りがありました。だったらダラダラ続けるよりも早いうちにやめて、仕事ができるようになったほうがいい。スポーツ選手って、世の中、自分中心に回っていると思いがちだけど、現実は違うじゃないですか。そのことを早く理解し、社業を学ぶことは今後の人生を考えて大事だなと思ったんです」

柏原は、引退後、社業に専念することにした。

2024年4月からは、東洋大学大学院に進学し、社会心理学を学んでいる。

引退後、いろいろな仕事をしていくうえで、2023年くらいから自分のスキルに閉塞感を感じることが多くなった。

選手の考えや自分の言葉を多くの人の元へ届けられているのだろうか。仕事で悩むことが多くなり、自分のスキルなどに限界を感じるようになった。今後、どうすべきか。いろいろな人と相談するなかで新たなスキルや情報を得つつ、違う世界を見て、学ぶために大学院に進むことを決めた。

「陸上をやっていたので、普通はスポーツビジネスやマネジメントなどの学部に行きがちですが、その選択肢はなかったです。僕がそういう系の学部に行くと、東洋大学と「山の神」の柏原竜二が先行してしまう。そういうフィルターがかかって見られると、よくない方向に行ってしまうと思ったのです」

社会心理学を選択したのは、たとえば指導者を始め上に立つ人は、陸上だと自分の経験値で指導するが、運動生理学とか心理学とかを学んでいたほうが、多様化する今の社会や選手にも対応できると思ったからだ。チームにおける集団心理や、柏原が経験した偏見や心理的欲求など、学びたいことがその分野だったことも大きかった。

「青山学院大学の原晋監督がいいなと思うのは、テレビを始め、いろんな分野の社会に出て、多様性を磨いている点です。原監督は、多様性を認識し、部内で選手に自由に議論させているように見せているけど、実は内側の統制をしっかり取っていますし、学生も自分たちの内部に目を向け、監視し合うというシステムを構築しています。だから、青山学院大学は強いのかなと思います」

しかし、なぜ、東洋大学の大学院を選択したのか。

「ほかの大学に行くというのももちろん選択肢としてはありますが、他大学の大学院に行って、『東洋大学じゃない柏原竜二』ができたとしても誰が喜ぶんだろうって思ったんです。4年間過ごした大学に自分が学びたい学部があれば、そこで学び、『東洋大学の柏原』というブランドをもっておいたほうがいいと思ったのです」

学びの意欲が高いが、一方で自らの価値をよく理解し、セルフマネジメントにも長《た》けている。社業やスポーツの世界に身を置くことで磨いてきたスキルなのだろう。

今は大学院での生活を楽しんでいる。若い人も50代の人もいて、お昼は分け隔てなく一緒に食べており、授業でわからないことも普通に教えてもらったりしている。「柏原さんって、何をやっていたんですか」と聞かれて、「実はこの大学で走っていました」と言うと小さな驚きが起こり、そこから話が広がっていく。

自分と違う世界に生きている人と話をすることに単純に楽しさを感じ、そこから刺激を受けている。

「これは僕自身の課題でもあったのですが、人はいろんな世界を知るべきだとあらためて思いました。陸上界にいると陸上の話、内輪の話だけになって、つまらないんです。僕もそうですが、陸上をやってきた人は、陸上にしがみついてしまいがちなんですよ。でも、僕はそれがイヤでした。陸上から少し離れて、いろいろ学んで、戻りたくなればまた戻っていけばいいかなと思っています」

「大学院を卒業後、次のステップはどうするのか」とよく聞かれる。

「考えてはいますが、言わないです。でも、たぶん指導者にはならないですね。僕が進む道は、そっちじゃない。ただ、何をやるにも自分の軸はブレないように、と思っています。それは大学生のときから変わらないですし、これからも変わらないですね」

柏原はそう言って、大学時代と変わらないにこやかな笑顔を見せた。

第5章

山のDNA

山の大東、復活

「山を制するものは、箱根を制す」

そう言ったのは、大東文化大学の青葉昌幸監督（当時）である。1975年の第51回大会、1976年の第52回大会と、箱根2連覇を達成した。

その際、大きなポイントになったのが山の5区だった。山に強い大久保初男を5区に擁することでレースを優位に進め、そのアドバンテージを生かして勝利に結びつけたのだ。5区の重要性、スペシャリストの存在の大きさを説いた言葉として、今も受け継がれてきている。

こののち、大東文化大学は奈良修ら山に強い選手を続々と輩出し、優勝を果たしていくことで「山の大東」と称されるようになった。

その「山の大東」の源流となったのが、大久保だった。

1974年の第50回大会、ルーキーとして5区でデビューし、いきなり区間賞を獲得して、チームを総合2位に導いた。

大学2年時の第51回大会でも5区を駆け、区間新を達成してチームの総合優勝に貢献した。5区で結果を出すために、両手に1キログラムの鉄アレイを持ち、500グラムの鉛が入ったシューズを履いて20キロメートルを走ったという。

大学3年のとき、12月に福岡国際マラソンを走った際に膝を痛めてしまい、5区での出走の辞退を青葉監督に願い出た。

しかし、「おまえしかいない」という監督の期待から辞退を撤回し、調整していくと、大会5日前に痛みが消え、区間賞で連覇に貢献した。

大学4年になり、主将として4年連続で臨んだ最後の5区は区間新を狙いにいき、見事に目標を達成した。しかし、チームは総合3位に終わり、大久保は3連覇を達成できなかった悔しさを噛みしめた。

その大久保が母校でコーチとして指導しているときに入学してきたのが、奈良だった。

「大東文化大学に決まったのは、高校3年の10月でした。本当は中央大学への進学を考えていたんです。保善高校（東京）の先輩で中央大学に行った卜部昌次さんが戻ってきた際、いろいろお話しをしたのですが、勉強があまり得意でなくて。進学して陸上を続けたかったのですが、勉強面での不安が拭いきれず、当時の顧問の藤本嘉信先生に相談した際、タイミングよくチャンスをいただいたのが大東文化大学でした」

そのころの大東文化大学は、大久保を擁して連覇を達成した1975年の第51回大会、1976年の第52大会以来優勝がなかったが、1988年の第64回大会で2位になるなど優勝の気運が高まっていた。

しかし、高校時代の奈良は、箱根駅伝は名前こそ知ってはいたものの、それほど興味があるわけではなかった。

「今の子どもたちのように、『箱根駅伝に出たいです』といった感じではなかったですね。ただし、自分の下の世代には、当時、花田勝彦、櫛部静二、武井隆次、渡辺康幸といったのちの早大のスター軍団がいたのですが、みんなトラックが強かった。箱根よりもトラックができなければいけない。自分はトラックで勝負したいという気持ちが強かったんです」

トラック指向は、青葉監督の「関東インカレ（関東学生陸上競技対校選手権大会）、全カレ（日本学生陸上競技対校選手権大会）の成績を重視」という指導方針にも合致した。

そんな奈良は、ロードでも頭角を現した。

1989年（平成元年）の第1回出雲駅伝で、4区2位と好走し、チームは準優勝という成績を残した。続く全日本大学駅伝でも、奈良は5区を任されて区間賞を獲り、優勝に貢献した。その後、青葉監督から「箱根は5区でいくぞ」と告げられた。

「最初は、あまりピンとこなかったんですね。とくに5区を走りたいという気持ちはなかったですし、それまで山に特化した練習とかもやっていないんですよ。長野県の富士見高原で合宿をしていたので、そこでの自分の状態を見て、決めたのかもしれません。ただ、箱根を走るなら往路がいいなと思っていました。先輩たちが強かったので、2区は難しい。どこになるのかと思っていたら、5区と言われたので、『やってみます』と答えたんです」

自分に山の適性があるとはあまり思えなかったが、5区に決まったことで「どうせ走るなら活躍したい」と強く思った。

大久保コーチは5区のコースについて、「こんな感じだ」とポイントごとに説明してくれた。熱心に話をしてくれたのは、1976年以来14年ぶりの優勝を狙えるメンツがそろい、とくに5区に期待のルーキーが走るということで、活躍してほしいという思いが強かったからだろう。

奈良は競技面だけではなく、寮や普段の生活面でも「だらしない生活をするな」と指導を受けていた。

「競技よりも生活面での指導が怖かったです」

奈良は、当時を振り勝って、そう語る。

1990年の第66回大会、順天堂大学の5連覇がかかるなか、大東文化大学は1区9位とやや出遅れてスタートした。

続く2区の実井謙二郎が区間3位の走りの6人抜きで3位に上がった。3区で2位、4区で樋口一隆が山梨学院大学に追いつき、8キロ地点でトップに立った。2位に49秒差をつけて、小田原中継所に飛び込んできた。

「気持ちは高ぶっていました。全日本大学駅伝で優勝したとき、区間賞を獲りましたが、ほかの選手たちの走りがすごくて、僕はおまけみたいなものだったんです。だから箱根では樋口さんが逆転してくれて、トップで襷が渡されたので、絶対に抜かれたくない、思い切った走りをして優勝したいと思っていました」

小田原中継所をトップでスタートし、箱根湯本付近を通ると道路両側に尋常ではないほどの人がいて、「大東、がんばれ!」と声をかけられた。声の大きな輪を潜り抜けていくような感覚は生まれて初めてだった。

「あれだけの人がいるのがすごいなと思って、モチベーションがめちゃくちゃ上がりましたね。これが箱根なんだと」

大平台から宮ノ下を越え、小涌園前を通っても気持ちよく走れていた。当時は、細かいデータや監督からの指示などもなく、ウエアさえも気にせず、ひたすら「根性」で走っていた。昭和の厳しい体育会の名残があり、「水飲むな」の時代で、スポーツは根性で立ち向かえという時代だった。

水分摂取が推奨されたのは、１９９８年前後で、箱根駅伝で給水が始まったのは１９９７年の第73回大会からだ。

「僕の時代には、給水もないですし、携帯もないので、途中でタイムを教えてくれる人もいない。一度、山を上り始めたら最後まで自分１人で走りきらないといけないという気持ちで走っていました」

そんな奈良の背中を押してくれたのが沿道の声だった。

トップで坂を上がると応援の声が耳に残り、自分の呼吸さえ聞こえないほどだった。沿道の知らない人のなかには、

「後ろとかなり離れているぞ」

　そう後続との差を教えてくれる人もいた。中継車を前にして、トップで走る映像が全国に流されていることも嬉しかった。初めての箱根は、すべてが自分を応援してくれているような気がした。

「小涌園から最高到達地点に行く間が『がんばりどころ』と先輩や大久保さんに言われましたけど、問題なく上ることができ、下りもうまく切り替えることができました。疲れはありましたが、優勝できるんだという嬉しさで足が動いていました」

　最高到達地点から下ってくると芦ノ湖が見えてくるが、余裕があったせいか、雄大な景色を目に焼きつけることができた。

　奈良は、右手でガッツポーズをしながら満面の笑みでゴール。区間賞の走りで、2位の山梨学院大学に4分10秒の差をつけて往路優勝を果たした。

「往路優勝もそうですが、総合優勝が本当に嬉しかったです。走る前は、出雲と全日本しか経験していなかったので、あんな感じかなと思っていたのですが、まったく違った。箱根は別世界でした。5区も楽しく走れたので、自分の競技人生のなかでもすごく印象に残っています」

1年生で5区区間賞、優勝に貢献したことで、奈良と6区で区間新の快走をした島嵜貴之（2年）は、メディアに取り上げられ、大きくクローズアップされた。

箱根での忘れ物と知られざる「山の神」

2人の存在により、「これからの大東の山は安泰」ともいわれ、大久保たちの世代以来の強さを見せて「山の大東」の復活を印象づけた。

実際、奈良は大学2年のときも5区2位、島嵜も6区2位で箱根駅伝2連覇に貢献した。ただ、1年目で結果を出し、2年目は「調子に乗ってしまった」ことから区間賞を獲得できなかった。

大学3年時は、それまでと違う覚悟をもって5区に臨んだ。

「自分と仲が良いひとつ上の先輩の岡野雅毅さんが最後に故障してしまって、最後の箱根に出られなくなったんです。寮で一緒に生活していて、普段からお世話になっていたので、出走するとき、走れない同級生の名前とともに岡野さんの名前も襷に書きました。自分ががんばったところで、みんなの悔しさがゼロになるわけじゃないですが、走って優勝することができれば、少しは喜んでもらえるのかなと思ったので」

寮には全国から選手が集まってくる。一緒に生活していれば衝突したり、喧嘩したりすることもある。だが、駅伝があるからこそ、そういうことを乗り越えて、みんな、一緒にがんばれる。レース当日は、その思いから仲間の名前を手などに記して走る選手が多かった。

「このときは、区間賞を獲りにいきました」

奈良は、宣言どおりに5区区間賞を獲得した。だが、4区と9区がブレーキとなって、総合5位に終わり、3連覇を逃してしまった。

「3年間走って、5区に定着した感がありましたけど、自分のなかではそんなに5区にこだわりはなかったんです。僕は、やはりエース区間の2区を走りたかった。2区は優勝を争ううえで大事な区間で、僕の5区はそれまでにお膳立てしてもらって最後、整えるみたいな感じだと考えていたんです。もっというと、僕が先輩に勝てないので5区を走らされているんだって思っていました。だから、4年になったときは、自分が2区を走る、最後はエース区間を走って卒業するんだという強い思いでいました」

第5章 山のDNA

1993年、最後の箱根となった第69回大会、奈良はチーム事情により、2区ではなく、四度目の5区になった。

目標は、5区区間新と総合優勝の奪還だった。しかし、チームはスタートから出遅れたまま、盛り返すことができなかった。奈良もコンディションが万全ではなく、区間12位、チームは総合15位に沈み、シード権を失った。

「4年目は、いろいろ悔いが残りました。ひとつは、大学4年間のなかで一度も2区を走れなかったことです。快走できたかどうかはわからないですが、権田坂を上り、戸塚の壁の坂にきついながらも挑戦してみたかったと今でも思います。もうひとつは、4年時にひとつのタイトルも獲れなかったことです。出雲3位、全日本10位に終わり、最後の箱根も優勝できなかった。1、2年が良かっただけにすごく残念です」

4年間、やりきったと満足して卒業できる学生は、ごく一握りだろう。そういう選手のなかには箱根で燃え尽きてしまい、競技生活を早くに終える選手も多い。

奈良は、4年の5区での結果がその後の陸上人生を大きく左右した。

「4年のときは、箱根前まで調子が良かったんです。自分が3年のときに出した区間新(71分13秒)を更新し、70分台も見えると思っていました。でも、絶好調なだけに油断してしまい、同時に自分の区間新を更新してもなあという気持ちもあった。目標のブレが最後に体調を崩すことにつながってしまった。その失敗があったので、陸上をやめることができなかったんです。このときに区間新を出していたら、満足して陸上を続けていなかったでしょうし、今のように指導もしていないような気がします」

その後、「山の神」と呼ばれる選手が箱根5区から生まれた。「山上りのスペシャリスト」といわれた奈良は、「山の神」の存在をどのように見ていたのだろうか。

「今井さんとは一緒に走ったことがあるので、会うと挨拶を交わす間柄でした。もちろん、選手としての能力の高さは理解していましたし、5区での超人的な走りを覚えています。もう単純にすごいなとしか思えなかったですね。柏原さんと神野さんは、お会いしたことがないのですが、レースは正月のニューイヤー駅伝が終わり、車を運転しながらラジオで聴いていました。3人が『山の神』になったのは、本当にすごいことだと思います。自分の記録が71分台で今井さんが69分台ですからね。現役時代は70分台を出せればと思っていたなかで、2分も違うのは化けものですよ。彼らの走りを見ていると、ほんとすごすぎて、僕はもう過去の人だなってつくづく思いました」

奈良は、自分はとても「山の神」にはなれないと感じていたが、彼ら3人以外で可能性がある選手、知られざる「山の神」が1人だけいたという。

それが、早稲田大学の小林雅幸だった。

奈良が大学4年のとき、小林は1年生だったが、駅伝デビューの出雲駅伝で1区区間賞、全日本大学駅伝で4区区間賞を獲るなど活躍し、箱根駅伝は3区4位だった。

1996年の第72回大会では、それまで4大会連続で5区を駆けた小林のあとを継いで5区に登場。神奈川大学のエース近藤重勝に走り勝ち、70分27秒の区間新を叩き出した。奈良が1992年の第68回大会でつくった区間記録を更新したのが、この小林だったのだ。

「小林君は、速かったですし、強かった。渡辺康幸と一緒に練習をしていて、大学2年のときに10000メートルを28分09秒17で走っていましたからね。僕の記録が破られるとき、『小林君に破られるなら本望です』と言ったんです。実際に更新されたときは複雑でしたが、彼の実力なら当然だと思っていました。彼が今井さんたちの時代に走れていれば、5区はもっと競争が激しい区間になっていたかもしれないですね」

小林がつくった区間記録は、2000年に5区が杉並木から元箱根経由にコースが変更になり、そのまま最高記録として残った。

コース変更後の5区で小林の区間記録を更新したのが、2005年の第81回大会で69分12秒を出した今井だった。

歴史に名を残す選手は、区間賞や区間新でつながっていくものなのだろう。

「山の大東」の継承

卒業後、NTNを経て日清食品で活躍した奈良は、2008年38歳で現役を引退し、大東文化大学の監督に就任した。

「山の大東」を復活させた「山のスペシャリスト」の監督就任は、大学内外で大きな話題となり、期待が大きく膨らんだ。

就任1年目の第85回大会でチームを4位に導き、5年ぶりにシード圏内への復帰を果たした。その後、2019年まで9年間、監督として指導し、三度のシード権を確保したが、個人的には満足できるものではなかった。

「いろんな意味で若かったと思います。好き勝手に長く選手をやらせてもらったあとの監督だったので、指導経験はもちろん、指導者としての心構えもなかった。選手の延長でやっていたので、いろんな面で難しかった。本来は、いろんな角度でいろんな指導者を見て、現場へという流れが理想ですよね。それは今、高校で指導していてすごく思います。あのころ、それができていれば、もっと違う指導ができたんじゃないかと思います」

若く、指導の余裕がないので選手と衝突することも多く、指導者として悩むところが多かった。

スカウティングにも苦労し、なかなか思うようなチームづくりができなかった。それでも強い大東文化大学の復活を目指して、5区の育成とともに指導のやり方も変えていった。

「5区に、スピードランナーは必要ないんですよ。ただ、20キロを上って、下っていくのでフォームがしっかりして、気持ちの強いことが大事だと思う。そういう能力や練習の消化率も大事ですが、僕は普段の生活の状態を見極めることを重視していました。これは青山学院大学の原晋監督が非常にうまいですね。寮生活で、食事のとり方や体重の増減とか、普段の言葉とか、選手のいろんなところを見ている。そこでこいつはメンタル的に充実しているな、調子が良さそうだなと判断するところがすごく上手でしたし、僕もそういう部分が大事だなと思っていました」

練習だけで良し悪しを判断するのではなく、寮生活での日常の選手の状態を見て、トータルで判断する。

実業団時代は自分のことだけに集中し、練習やレースの結果だけで判断されたが、大学生はそこまで人間が完成されていないぶん、注意深く観察し、選手が何を発信しているのかを見極めていく。

「細かく選手を見ていけるようになりました。それは今の高校での指導にも生きていると思います」

2022年、奈良は真名子圭に駅伝部の監督のバトンを渡した。

「真名子には、昔の『山の大東』にとらわれることなく、新しい大東をつくってほしいと伝えました」

大学での指導にひとまず区切りをつけ、2022年4月、愛知県・豊川高校の駅伝部男子チームの監督に就任した。

指導していると、今の高校生は奈良の時代とは異なり、まるで違う生き物のように見えると語る。

「今の子は、ハッキリしていますね。面談をして、『東海や関西にもいい大学はあるし、背伸びしないでチャンスをもらえるような大学に行ったほうがいいよ』と言うんです。でも、大学のイメージとかで決めてしまう。実際に入学し、理想と現実のギャップに悩み、やめてしまう子もいる。そのことを説明するのですが、それでも、『僕は関東の大学に行きたい』『箱根駅伝を走りたい』『駅伝強豪校に行きたい』という子が多いんです。目指すのはいいし、行ってくれると嬉しいです。ただ『入学しても簡単じゃないぞ。よく考えろ』と繰り返して言いますけど、意志を曲げない子が多いですね」

豊川高校は2023年、2年ぶり10回目の都大路出場を決めた。奈良が監督に就任してわずか2年で高校駅伝の大舞台に返り咲いたことになる。本大会は32位に終わったが、「これからしっかり実績をつくっていきたい」と高校生の指導に意欲を見せる。

高校では、自分が箱根5区を走ったことはあえて伝えていない。

生徒たちに聞かれると、「まあ、あるよ」というくらいだが、第100回大会の箱根駅伝では過去の写真が出たこともあり、「先生、走ったんですか?」と生徒や学校関係者から驚かれた。

「みんな、びっくりしていましたね。今は、もうほんとうに走っていたの、という体つきになってしまったんで（笑）」

大東文化大学のＯＢ会では、「お互いに太ったなあ」と挨拶するのがお約束になりつつある。

陸上部の歴史を紐解くと、５区を４回走り、大久保は４回連続で区間賞を獲り、奈良は二度の区間賞を獲得、ともに優勝に貢献した。

その大久保がコーチとして指導しているなかで、奈良が５区で活躍し、優勝に導いた走りを見せたのは、やはり縁を感じずにはいられない。

「山で区間賞を獲ったのは、大久保さんと僕だけで、ほかにはいない。それが優勝したなかでの結果だったので、インパクトがあったんだと思います。多くの人に応援されましたし、今、振り返ると走って良かったなと思いますね。『山の大東』というところで、少しは貢献できたと思うので」

１９９０年代、「山の大東」を復活させた走りは、今も色褪せず、そのＤＮＡは受け継がれていくはずだ。

神大優勝の請負人

「あの優勝は、今も忘れられないですね」

神奈川大学の大後栄治前監督がそう語るのは、1997年、第73回大会での優勝だ。コーチとしてラストシーズンでの優勝は、翌年に監督業をスタートし、連覇を達成していくにあたって大きな自信になった。

このとき、優勝に大きく貢献したのが5区の近藤重勝だ。

神奈川大学は、1996年の第72回大会で4区が途中棄権となり、予選会を経て、箱根駅伝に臨んできた。

当時の優勝候補は山梨学院大学、中央大学、早稲田大学、そして予選会上がりの神奈川大学だった。

神奈川大学は2区で市川大輔がトップと16秒差の単独2位に立ったが、3区で大川智裕が先頭を行く山梨学院大学に34秒差に広げられた。4区の藤本大輔が16キロメートル地点で山梨学院大学に追いつき、逆に1分21秒差をつけて、小田原中継所で神奈川大学史上初めてトップで襷渡しを実現した。

待っていたのは、4年連続で5区を駆けることになった近藤だ。

「近藤は、山を走るために獲得した選手でした」

大後前監督は、当時を振り返りそう語る。

近藤は、陸上の強豪校である京都・洛南高校から神奈川大学に進学した。当時は、〝早大三羽烏《がらす》〟といわれた武井隆次、櫛部静二、花田勝彦に、スター・渡辺康幸らが活躍し、箱根駅伝が大きく盛り上がってきた時期だった。

箱根を目指して大学で陸上をするなら関東へという流れは、そのころにもあったが、近藤はそこまで箱根を意識していなかった。

「関西でしたし、今のように情報がたくさんある時代ではないので、正直、箱根駅伝は関東の大会でしょって感じでした」

関西の大学に陸上での推薦入学を考えたが、インターハイなどの実績が必要とされており、近藤は推薦レベルの結果を有していなかったため、断念した。

関東の大学への進学を考えた際、高校の先生に神奈川大学を推された。

ちょうど1学年上の先輩が進学していたし、チームも箱根駅伝に出場するようになり、先生からは「今後、伸びてきそうな大学だから、どうだ」と言われた。

「どうせ関東に行くなら、強豪校とかできあがっている大学よりも、これから伸びてくる大学でやってみたいと思っていました。神奈川大学のその当時の状況と自分の考えが合致したので、顧問の先生にお願いしたのです」

近藤は、入学後、10000メートルで結果を出すなどして、すぐにAチームに属した。夏ごろには主力に成長し、大後コーチ（当時）からは、「箱根で走りたい区間があるか」と聞かれた。

「まだ、2区といえるほどの力はなかったですし、箱根といえば5区じゃないですか。普段のジョグも大学の周辺の起伏のあるところを走っていましたし、上りが得意で坂を走ってもチームでは強いほうだったので自信があったんです。あと、当時は5区を走るとゴールシーンの写真パネルをもらえたんですよ。それがもらえるので、5区を希望しました」

1年目の5区は、73分41秒で区間2位という結果を残した。

「最初は、もうがむしゃらに走りました。坂が続くときついですし、リズムがつくりづらくなるのですが、自分の場合、たとえば小涌園から恵明学園とか、細かく区切って、まずはそこまで行くのをがんばる。そこから次の芦之湯までがんばるというやり方をしていました。3、4年になって走力がついてくると、もう少し長い区間で考えて走れるようになりましたが、1年目は、とにかくきつかったですね」

大後コーチは、1年生の近藤の走りに驚きはなかった。

「高2のときに中国駅伝で走っている近藤を見かけ、けっこう良い記録を出していたんです。ただ、洛南高校では5、6番の選手。身長167センチメートルと決して大きくはないですが、トコトコと軽快なピッチで走るので、山に合うなと思っていました。実際、思った以上に走ってくれましたし、山にハマったのはすごく大きかったですね」

非公式の区間2位

大学2年のときは、1年時よりも練習量を増やし、区間賞を獲ることを目標にした。

1995年の第71回大会、近藤は10位で襷を受け、7位に順位を上げて区間賞を獲得した。

だが、73分21秒とタイム的にはもうひとつ伸びず、気持ち的にモヤモヤが残った。それでもチームは総合7位となり、シード権を獲得。このとき総合優勝を果たしたのは、９区で早稲田大学を突き放した山梨学院大学だった。

３年になった近藤は、ある覚悟をもってシーズンインした。

「２年時の反省があって、３年のときに取り組みを変えたんです。神奈川大学は５０００メートルや１００００メートルよりもハーフを強化という感じだったので、自分も距離をかなり踏むようになりました。グラウンドまでジョグでつなぎ、２時間くらい走るのが普通になり、月間で８００から９００キロメートルを走っていました。トラックのスピードは伸びなかったんですが、箱根仕様で20キロメートルはかなり走れるようになったので、区間賞を獲るのはもちろん、区間新も視野に入れていました」

近藤は、自信をもって臨んだ大学２年のときから区間賞を獲ることを重視していた。それには彼なりの考えがあった。

「区間賞は名前がずっと残るじゃないですか。でも、２番や３番は、そのときはがんばったねといわれるけど、記憶にも記録にも残らないんです。やはり、選手として歴史に名前が残るのは大事なこと。そのためには区間賞が必要になる。１番と２番は全然違うということを肝に銘じて取り組んできたので、競技を続けている以上、区間賞、1番へのこだわりはすごく大きかったです」

　１９９６年、第72回大会、近藤は三度目の５区に臨んだ。

　神奈川大学は１区14位と出遅れたが、２区で８位まで順位を上げ、３区の高津智一が猛追し、６人抜きの快走で２位にまで上がった。

「アップを始めたとき、３区で２位に上がって４区でトップ争いをしていたのですが、ブレーキしたと情報が入ったんです。じゃあ、僕ががんばってシード権内を狙うようなレースになるのかなと思っていました」

　４区の高嶋康司は、左足を故障しているなか出走したが、５・８キロメートル地点で歩き始めた。ヨロヨロと歩いては止まり、大後コーチからも「大丈夫か」と声がかけられた。６・３キロメートル地点で左足脛骨の疲労骨折のために走れなくなり、運営管理のジープから飛びおりた大後コーチに抱き抱えられてレースは終わった。

　優勝するために、チーム一丸となって臨んだが、まさかの途中棄権だった。

「アップから戻ってきて、棄権のことを聞いたときは、成果を出せずにこのまま終わってしまうのか。自分も走れないのかと思うとすごいショックでした。でも、チームとして成績は残らないけど、最後尾から個人として走れるということを聞いたんです。ショックを引きずって走って、区間15番とかいい加減な走りをしたら、来年、自分たちが4年生になったときのチームになにか悪い影響が出てしまうかもしれない。こういうなかでも、自分がゲームチェンジャーになってしっかり走るところを見せれば、次につながるはずだと思い、1、2年のとき以上に集中して走りました」

近藤は、区間2位の走りを見せて、翌年のチームに勢いをつないだ。

そして、このとき、区間賞を獲ったのが、それまで大東文化大学の奈良修が保持していた区間記録を47秒更新する区間新を出した早稲田大学の小林雅幸だった。

小林は、前年の第71回大会で4区を走り、花田勝彦がもつ区間記録を32秒更新する61分35秒の区間新を出し、5区でも今回、区間新を出した。

「小林君は強い。次の第73回大会でも5区に出てくるならば、今まで以上に走力をつけないと優勝も区間賞も届かないと思っていました」

強力なライバルの出現に加え、近藤のやる気に、さらに火をつけることになったのは、実業団のエスビー食品で陸上を継続することが決まったからだ。

実業団ではマラソンを走ることを決めていたので、駅伝は最後という思いもあった。

「駅伝という競技において、4年の箱根駅伝は自分の集大成でしたし、今後、競技を続けるうえでしっかりと結果を出しておきたかった。また、このときは予選会からの出場だったのですが、そこから勝ち上がっていったチームが優勝というケースはまだなかったんです。誰もやり遂げていないことをやりたいと思っていました」

走りながらの攻略変更

前回大会は4区で棄権したが、チーム力が他校に劣っていることはなく、むしろ予選会上がりながら神奈川大学は優勝候補の一角にあげられていた。

選手たちはとくに「優勝」を公言しなかったが、それでも秘めているものがあり、箱根に向けてやるべきことをやるという姿勢でその日を迎えた。

第73回大会は、2区に入り、中央大学、早稲田大学、神奈川大学、大東文化大学、東洋大学が先頭争いをしていた。

前回大会、高嶋と同じく4区で途中棄権した山梨学院大学の中村祐二が、そのときの悔しさをぶつけるような魂の走りで13・1キロメートルで先頭集団に追いつき、17キロメートル過ぎにロングスパートし、そのままの勢いで区間賞を獲り、2位の神奈川大学の市川大輔に1分以上の差をつけてトップに立った。神奈川大学は3区で2位をキープすると、4区で藤本大輔が山梨学院大学を16キロメートル地点でとらえてトップに立った。

そのころ、近藤は5区で出走の準備をしていた。強風で山上りをした際、気温が下がるかもしれない。寒風で体やお腹が冷えてしまうのを避けるためにゼッケンにビニールを巻き、直接、風がお腹に当たらないようにした。

「トップで来ます」

付き添いが教えてくれた。

過去3回の箱根では、いつも順位が10番前後、前回は途中棄権だった。トップで襷を受けるのはテンションが上がったが、同時にイヤな思い出も脳裏をかすめた。

大学3年のときの出雲駅伝、神奈川大学は4区でトップに立ち、5区で高嶋がつなぎ、近藤はアンカーとしてトップで襷を受け取った。

2位は早稲田大学と大東文化大学が同着で、神奈川大学との差は1分22秒、4位の山梨学院大学とは1分23秒、5位の中央大学とは1分24秒差だった。

「このときは、かなりナーバスになりました。トップで来てくれたのもあったんですけど、アンカー勝負で後ろから早稲田大学の渡辺康幸さんと山梨学院大学のステファン・マヤカが来るというプレッシャーから過緊張になってしまって。自分の力を発揮できず、2人に抜かれ、中央大学の小林渉君にも抜かれて4位に落ちたんです。もう悔しいやら情けないやらで、この失敗レースは忘れられなかったです」

このときの経験があったので、「次こそは」の気持ちでいた。あれから1年以上経過し、自分の走力は格段にレベルアップしているという自信があった。

その日、小田原はカラーコーンが飛ばされるほどの強風が吹き荒れていた。近藤は最後の箱根5区で区間新を出すことを目標にしていた。だが、コンディション的に厳しいと考え、区間賞を獲って往路優勝を果たし、勢いをつけて復路につなげることに集中した。

トップで襷リレーした近藤は、強風のなか、前傾で軽快に坂を上っていった。近藤を追うのは、中央大学の尾方拳志と大東文化大学の鈴木孝雄だった。

「後続の選手については、ほとんど意識はしなかったです。小林君が5区に来たら意識したでしょうし、状況も変わったかなと思うんですけど、７区に配置されていたんですよ。それなら区間賞は絶対に獲れると思っていたので、後ろから抜かれるというよりは自分のとの戦いになっていました」

レースは、ある意味、強風との戦いでもあった。

上にのぼればのぼるほど、突き刺すような冷たく、襷が首に巻きつくくらいの強風が吹き荒れた。それでも近藤は表情ひとつ変えず、淡々と走り、小涌園前で２位の中央大学に１分40秒差をつけ、着実に差を広げていった。

「走るコツとしては、ずっと坂をがんばりすぎてはいけないんですよ。坂はリズムを整えて、ひとつひとつ越えていくのが理想ですが、疲れもあってどうしてもリズムが崩れてきてしまうところがあるんです。そういうときは、坂でもゆるやかな部分があるので、そこで立て直していくことが大事なんですが、ここで休むとダメなんです。そこでペースを落とすのではなく、しっかりとリズムを整えて、次のポイントまで、また次のポイントまでっていう気持ちでいかないと。そこで気持ちが切れたらおしまいですからね」

５区を駆けた選手がよく言うのは、上りはリズムが大事ということだ。

テンポ良く、リズムを整えることができないと、動きがバラバラになり、きついだけの地獄の上りになる。自分のリズムを刻み、ポイントごとに攻略して上っていくのは、5区攻略の王道でもあるのだ。もちろん、それでもきついところは出てくる。

「僕は、小涌園から芦之湯までの区間がいちばんきつかったです。坂自体もきついですが、坂の終わりまで、そろそろかなって思ってもまた同じようなカーブが続くので、心理的なしんどさが大きいんです。僕らの時代は、走った経験でしか景色が見られず、ポイントを確認できなかった。でも、今は箱根の映像を流してトレッドミル（ランニングマシン）で走るので、各ポイントまでをしっかりとイメージして走れる。それは、すごく大きいですね」

最高到達地点を越えていくと、中央大学とは1分43秒の差がついていた。そこからは下りに入り、あとは全力でブレーキをかけずに一気に下っていった。

「このままいけば往路は獲れる。あとは翌日の復路に向けて、どれだけ2位以下に差を広げられるかと思って走っていました。でも、あとからタイムを見てわかったのですが、下りが伸びていないんです。下りでの走り方を変えれば、もう少しタイムを伸ばすことができたのにと思うと、そこだけが心残りでした」

区間新は、強風のためにスタート時点で難しいと感じていた。

実際、5キロメートル地点で近藤のタイムは16分53秒で、小林が区間記録を出したときの16分07秒よりも46秒遅れていた。

区間新と優勝の二兎を追いたかったが、チームの往路優勝、総合優勝に絞った。厳しいコンディションを見極め、攻めの5区より自分の走りに徹したことで、結果的に大きな差が開いていった。

大後コーチは、興奮に震えていた。

「恩賜公園を越え、最後に直線が見えてきて選手が下っていくんですが、両サイドにお客さんがたくさんいてね。そこをトップで走っていって、最後に選手が右に曲がってゴールをするんです。そのとき、そこで『車を止めてくれ』と言って停めて、選手がゴールをしたのを見届けてから『出してください』と言うんです。その車から見えるシーンがもうたまらんですね。もう、夢のような瞬間です」

近藤は最後までペースを崩さず、大後コーチが見届けるなか、小さくガッツポーズをしてトップフィニッシュをした。

ゴール後は工藤伸光監督や仲間たちに迎えられた。周囲にもみくちゃにされ、少し笑みがこぼれた。

「優勝は嬉しかったですね。最後は自分の記録も狙いましたけど、やはりチームで結果を出したかった。そのために自分が5区を走ったほうがいいと思っていましたし、僕が5区にいることでほかの人が気楽に走れるのなら、全然5区でいいんじゃないかなと。でも、最後の5区はきつかった。毎年、5区を走ったあとは、もうこれから1年間は山を走らないぞっていう気持ちになるほどだったんです。4年のときはもうこれで本当に山を走らなくてもいいんだと思うと、解放された感がありました」

大後コーチは、スカウティングのおもしろさと近藤の強さを感じた。

「高校時代の近藤は目立たない選手だったのですが、自分が見つけてきて育成することができた。近藤は、5区を4年間走り、区間2位―1位―2位―1位と結果を残した。タイムは区間新に至らず、『山の神』にまではいかなかったけど、『山のスペシャリスト』だったのは確かだと思います」

当時はネットもSNSもなく、自分の足と目が選手を獲得するための道具だった。そうして獲得し、山のスペシャリストにまで成長した近藤は、大後前監督にとっても忘れられない選手の1人だった。

人生に与えた山上りの経験

近藤は、5区を走ることが自分のモチベーションになっていた。

「当時は、メディアにも注目されましたし、名前が報道され、『山の職人』とかいわれて恥ずかしい感じもあったのですが、嬉しかった。それが励みにもなりました」

それから10年後、最初の「山の神」である今井正人が初めて5区を走り、大学4年で「山の神」になるのだが、同じ時代に走れば、近藤がその称号を得られた可能性もある。そういうことを考えたことはないのだろうか。

「神になりたいとかはなかったです。僕は関東インカレのハーフで優勝しましたが、今井さんは山やロードだけではなく、トラックもめちゃくちゃ強かった。僕に、いくら上りの特性があるとはいえ、トータルでは勝負できない。一緒に走ってみたいという気持ちはありましたが、僕は『山の神』より優勝のほうがいいです」

近藤の走りで神奈川大学は2位の中央大学に2分08秒の差をつけて復路にバトンタッチした。復路もトップを維持し、出場29回目にして初の総合優勝を果たした。

四度走った5区は、箱根駅伝において、どういう区間だったのだろうか。近藤は、表情を崩してこう言った。

「僕の時代も今も、5区と6区の特殊区間の重要性は変わらないと思います。平地区間と違って差を出しやすいし、詰めやすい。2区はエース区間なので、みんな速いですし、そうなるとそれほど差がつかない。でも、5区は4分の差をひっくり返せるわけです。一発逆転を狙えるし、選手はゲームチェンジャー的な強さが求められる。だから、見ていてもおもしろいんじゃないかなと思います」

神奈川大学を卒業したあと、近藤はエスビー食品に入社した。

箱根駅伝を四度走り、4回5区を出走した経験は、その後の陸上人生に、どんな影響を及ぼしたのだろうか。

「大学に入学したころは、箱根駅伝が終わったら普通に就職して、陸上はもういいかなと思っていたんです。でも、大学で箱根駅伝くらいは走りたいと思って目標を考え、いい結果が出るとメディアに注目されたことで、陸上での欲が出てきたんです。トラックでは難しいかなと思いましたが、マラソンでなら勝負できるかなと思わせてくれたのは、やはり箱根駅伝の経験があったからです。厳しい5区を走れたことで、自信を得ることができたんです。今も陸上に関わる仕事ができていますが、自分の人生を決めたのは箱根駅伝であり、5区だと思っています」

近藤は、2004年に現役を引退し、松蔭大学、上武大学で駅伝部の監督を歴任し、2022年9月から小森コーポレーションにコーチとして加入した。

指導経験は十分にあり、そのため監督と選手の間に入り、指導はもちろん、選手からの相談を受けたり、チーム運営を円滑にしたりする役割を果たしている。

「実業団の選手は仕事として走るので、プロ意識が高いですし、自我の強さも出てきます。そういう選手と日々、顔を合わせながら状態を把握し、声をかけて成長を促していく感じです。チームとしてはニューイヤー駅伝の常連になり、つねに入賞できるようにしていきたいですし、日本を代表する選手を輩出していきたいという目標はもっています」

実業団でいろいろな大会に行くが、近藤は箱根駅伝以上の盛り上がりを感じたことはない。振り返ると、あらためて箱根の規模と影響力の大きさを感じた。

「箱根駅伝のように、あそこまで全体として盛り上がる、チーム全体を包む高揚感みたいなものは、社会人ではなかなか経験できなかったですね。僕は五輪の代表選手になれなかったので、五輪や世陸（世界陸上競技選手権大会）に出られれば、また違う何かを得られたのかもしれないですけど。ただ、やはり5区を経験していてよかったです。マラソンを始めたとき、あのきつさを経験してきたんだからと思えたし、だからこそマラソンを走れたんだと思います」

5区でチームの優勝に貢献し、その経験は近藤の未来につながった。箱根経由で世界には届かなかったが、挑戦する姿勢は5区のときと同様、現役を引退するまで変わらなかった。

第6章

紙一重の歓喜

優勝候補の責務

「ワクワク大作戦」――。

２０１５年の第91回大会、青山学院大学の原晋監督が名づけた作戦名だ。

小田原中継所にいた神野大地は、その作戦名と自分の気持ちが妙にマッチしているのを感じていた。

その日、４区から５区に襷が渡される小田原中継所の気温は４度だった。朝から少し気温が上がり、アップしていると汗ばむほどだった。だが、５区の途中からは前夜の雪が残り、最高到達地点は朝８時の段階で気温０度、「かなり寒さが厳しい」という情報が入っていた。

神野は、体にエミューオイルを塗り、寒さ対策としてランTシャツにアームウォーマーをつけ、手には2枚の手袋を重ねた。山の上にあがるにつれ、寒くなり、体温を奪われて低体温症を発症することが5区ではよくあった。神野は、その怖さを理解していた。小田原ではなく、最高到達地点の気温に合わせてウェアをセットした。

「そろそろ来るよ」

付き添いの言葉にうなずいて、スタートラインに歩いていった。トップで襷を受けた駒澤大学の馬場翔大が先行した。

「勝って、『山の神』になる」

その後ろ姿に視線を投げながら、腹の底でつぶやき、4区の田村和希（住友電工）が飛び込んでくるのを待っていた。

このときの箱根駅伝は、駒澤大学がダントツの優勝候補だった。

出雲駅伝が台風で中止になるも、全日本大学駅伝を中村匠吾（富士通）、村山謙太（旭化成）らの強い4年生の活躍で制した。箱根駅伝では彼らに加え、大塚祥平（九電工）、西山雄介（トヨタ）、其田健也（JR東日本）、馬場翔大、中谷圭佑らが好調で、万全のオーダーを組んで7年ぶりの優勝、2冠に王手をかけていた。

青山学院大学は、全日本大学駅伝を3位で終えた。選手は口々に、「優勝できた」と語り、本気で悔しがった。その悔しさを噛みしめ、「箱根で勝つぞ」と4年生たちが口にすることで、チーム全員が一丸となって箱根制覇に臨んだ。

果たして、箱根駅伝は、伝統校で優勝候補の駒澤大学と新興勢力の青山学院大学の激突になった。

2校は1区から激烈なトップ争いを演じた。

駒澤大学の中村と青山学院大学の久保田和真が競り合い、鶴見中継所ではトップの駒澤大学と青山学院大学の差はわずか1秒差だった。

その後、その2校に東洋大学と明治大学が加わり、平塚中継所ではトップが駒澤大学、2位が明治大学、3位が青山学院大学で、トップと3位の差は49秒だった。

小田原中継所に駒澤大学が入ってきたとき、2位の青山学院大学に46秒の差をつけていた。

「思ったよりも差がないな」

馬場は、そう思った。

全日本大学駅伝でアンカーを駆けたとき、2位の青山学院大学とは3分50秒の差があった。神野がアンカーだったが、その差があれば余裕をもって走れる。そう思い、マイペースを刻んだ馬場は、1分近く差を縮められるもトップでフィニッシュし、優勝に貢献した。

大学3年になって臨む箱根は、初めて5区を駆けた2年時とはだいぶ景色が変わって見えた。

「2年のときは、初の箱根でしたし、チャレンジャーと同時に追う展開だったので、重い期待を背負ってという感じではなかった。沿道に人がいっぱいいるなという感じで、周囲を見ながら楽しんで走る感じでした。でも、3年のときは、2年のときと全然意識が違いました。全日本を勝ち、メンバー的にも優勝できる戦力が整い、チーム内も『勝つぞ』という雰囲気でピリッとしていました。自分も坂の練習で5区のタイムに換算すると、79分30秒くらいで走れる感じになっていたので自信がありました。他校にすごく強い選手も見当たらないし、もしかしたら区間賞を獲れるかもしれない。チームの状況や自分の立場を考えるとスタート前は、けっこう緊張していました」

大学2年ときの5区には、東洋大学の設楽啓太（西鉄）、山梨学院大学の井上大仁（三菱重工）らがおり、区間賞はハードルが高かった。だが、今回の5区のエントリーメンバーを見ると、明らかに強そうなのは、日本大学の留学生選手、ダニエル・ムイバ・キトニーくらいだった。馬場の頭の中には、このとき、神野の名前は入っていなかった。前年に2区を走っていたのは知っていたが、5区での起用については情報がほとんど入っていなかったからだ。

理解していても止まらない感覚

「神野君、前半は抑えて入りなさい。勝負は山に入ってから。最初はキロ3分5秒で入っていこう」

スタート前、神野は原監督から電話で、そう指示された。

初めての5区、走れる自信はあったが、やってみないとわからないところもあった。それだけに慎重に入るべしという原監督の言葉に、「そうだな」と納得し、気持ちを落ち着かせた。だが、襷を受け取ると神野は、前を行く馬場の背中に吸いつけられるように勢いよく飛び出していった。

当時、23・2キロメートルだった5区は、現在の鈴廣かまぼこの里がスタートではなく、小田原市内のメガネスーパー前が中継地点だった。最初の400メートルが平坦で、その後、徐々に上っていくコースだったが、神野は、平地の勢いのまま突っ込んでいった。

「ヤバいなと思いました。最初の1キロを3分5秒と言われたのに、2分48秒だった。さすがに速いと思って、次の1キロを落としたんです。でも、2キロ通過で5分39秒。

落としたつもりが、この1キロを2分51秒でほとんど変わらなかった。バカ早いタイムが出たのですが、これから20キロ以上も走ることを考えると、これでもつのか、怖さもあったので、少し迷いながら走っていました」

ただ、このとき、神野は過去に例がないほど絶好調だった。

アップをしている段階から動きが良くて、自然と笑みがこぼれるくらいだった。実際、走ると調子の良さの手応えを感じられた。ハイペースで入っても余裕があり、「これはいける」が80パーセント、残り20パーセントは「速すぎるけど大丈夫かな」という微かな不安だった。このままいくべきか、自重すべきか――。

考えていると、後ろの運営管理車から原監督の声が聞こえてきた。

「神野君、今日はすごく調子が良さそうだ。タイムはもう気にしなくていいからそのままのペースでいきない」

神野は、原監督の言葉が嬉しかった。

「その言葉が、『このままいけばいいんだ』と、20パーセントの不安を消してくれたんです。たぶん、監督は僕の走りを後ろから見て、調子がいいときの走りだと感じ取ってくれて『行け』と言ってくれたんだと思うんです。このとき、『速すぎる、後半勝負だからペースを落としなさい』と言われたら、僕のなかでブレーキがかかってうまくいかなかった。このときの監督の言葉が、『山の神』につながっていったんです」

素晴らしいスタートを切った神野だが、実は5区を出走する1週間、腸脛靱帯に、「このままじゃ走れない」というほどの痛みを抱えていた。

その年から青山学院大学の駅伝チームのフィジカルトレーナーに就任していた、中野ジェームズ修一に「痛みが出たんです」と言うと、それから毎日、寮にマッサージに来てくれた。

アップのときも多少気になっていたが、走り出すとまったく痛みが消えていた。ゴールしたあと、神野が「腸脛の痛み、なくなりました」と報告すると、中野は「だから」という表情で、こう言った。

「そもそも腸脛なんて痛めていないんだよ」

「でも、毎日、マッサージに来てくれたじゃないですか」

「あれはさすっていただけだから」

神野は、中野は最初から腸脛の痛みなどなく、本人のメンタルの弱さを理解していたのだと察した。

「たぶん、中野さんは僕の腸脛はメンタルの弱さからくる痛みだとわかっていたと思うんです。でも、そこで『メンタルだよ』って言うと、僕もそこで『メンタルなのか』と精神的に動揺してしまう。中野さんは僕の不安を消すためにメンタルとはいわず、毎日、足をさすりに寮に来てくれた。優しいなと思いましたね」

原監督の期待が大きいことは理解していたし、チームからも「いけるぞ」とポジティブな空気を神野は感じとっていた。

だが、初の5区で結果を出さないといけないと思うばかりに、腸脛靭帯に痛みが出てしまった。これほどのプレッシャーを感じることは普通のレースはもちろん、駅伝でもなかなかない。箱根はそれほどの舞台だということである。

神野は、坂に放たれるとハイペースで伸び伸びと走った。

運営管理車の後部座席に座っていた主務の高木聖也は、神野の調子の良さは聞いていたが、予想以上のハイペースに、「このままで大丈夫かな」と少し不安に思っていた。突っ込んで走り、後半、垂れるパターンが5区ではよくあるからだ。

自ら志願して5区へ

トップを走る馬場も快調に飛ばしていた。

「最初の5キロを15分10秒くらいかなと思っていたんですけど、14分45秒くらいで入ったんです。ちょっと速すぎる、オーバーペースかなと思ったんですが、体が軽くて動けるので行けちゃうかなという感覚でした」

体が軽いのには、理由があった。

いつものレースよりも体重が2キログラムほど軽かったのだ。馬場は、体重の増減が激しく、ハーフマラソンを走ると2キログラムくらい簡単に体重が落ちる。

そのため、最初に2キログラム増しの状態で走っているので、スタートの5キロメートルは体がまだ重く、ここまでのペースでは走ることができなかった。だが、今回はスタート時に、すでに2キログラム落ちたくらいの軽さを感じ、スイスイと走れた。

「このままいけば、神野を突き離せる」

そう思っていたが、5キロメートルの箱根湯本を過ぎたとき、運営管理車の大八木弘明監督から予想外の声が飛んだ。

「後ろと、あまり差が開いていないからな。むしろ、ちょっと縮まってきているけど、今のペースを崩さずにいこう」

オーバーペース気味で入ったのに、差が縮まっていない。

それはいったい、どういうことだ。

神野は、自分以上のタイムで迫ってきているのか。

「監督の声を聞いたときは、正直、『えっ？』って思いましたし、少し焦りも出ました。でも、自分は上りが得意。箱根湯本を越えて上りになれば、どうせ離れていくだろうと思っていました。そのときは、神野の事前情報がなかったですし、山を上れる体格だと思えなかったので、今は縮まっても追いつかれはしないだろうと思っていました」

この時点では、危機感はもちろん、自分の走りに違和感がなく、馬場は「往路優勝」しか見ていなかった。

馬場は、陸上の強豪校である岡山県・敷高校から駒澤大学に入学した。

高校の陸上部は当時、新雅弘監督が指導をしており、伝統的に監督が進学先を決めることが多かった。

馬場は、高校2年のときに駒澤大学を指定されたが、同校の怖い先輩と同じ大学には行きたくなかった。また、駅伝強豪校の駒澤大学で自分が箱根を走る姿が想像できなかったので、「シード権争いをしている大学に行って箱根を走りたい」と監督に伝えていた。だが、新監督には抗えず、最終的に駒澤大学に進学することになった。

高校時代にアジアクロスカントリー選手権で優勝し、入学当時は、期待の目で見られていた。ところが入学後すぐのレースで失敗し、「こいつは走れないんじゃないか」という目で見られるようになり、練習もこなせなくなった。倉敷高校では腹八分目の練習だったが、強豪校の練習は質量ともに桁違いで悩むことも多かった。

もともと太りやすい体質のために、ウエイトの調整にも苦しんだ。

大学では体重のチェックがあり、自己申告でマネージャーに伝えた。だが、12月ごろ、明らかに馬場の顔が丸くなっているのを不審に思ったマネージャーに、「おまえのその顔で、この体重おかしくない?」と言われた。年明け、マネージャーが風呂場の脱衣所の前に座っていて、そこで体重を計るようになった。自己申告よりも3キログラムもオーバーしており、怒られた。

「そこからは、唐揚げはころもを剝《は》がしたり、米を極力食べなかったりと、かなり食

第6章　紙一重の歓喜

生活を制限しました。でも、日曜日の朝は体重チェックがないので、土曜日の夜は練習が終わったあと、死ぬほど食べる日をつくって、なんとか生きていました」

競技に対する意識が大きく変わったのは、大学1年時の箱根駅伝だった。

馬場は、関東学連の手伝いに出向し、チームのサポートに参加できなかった。沿道の整理をしていると、自分の背後をチームメイトが走っていった。

「そのとき、自分は何しにこの大学に来たんだろうって思って。悔しさというより苛立つというか、このままじゃダメだと思って、ある決心をしたんです」

2013年の第89回大会、駒澤大学が4位に終わった日、お疲れさま会が催された。ここで大八木監督に自分の覚悟を伝えないとダメだと思い、「監督、自分は箱根の山を上りたいです」と訴えた。

「自分で、これをやるっていうのを決めて、逃げられない状態にしたかったんです」

ここで終わるわけにはいかない。必死の形相をしていたのだろう。大八木監督は、「今の状態じゃ無理だな」とは言わず、「よっしゃ、やろうか」とタイムをもっていないのにもかかわらず、馬場の言葉を前向きにとらえてくれた。

「嬉しかったですね。大八木さんは、一見怖いし、怒ると本当に怖いんです。でも、事細かくロジカルに怒る感じではないんです。雷がガーンと落ちるタイプで一瞬ビクつきますが、あとを引かないのですぐに切り替えられるんですよ。あと、大八木さんは自分がこうやりたいとか、がんばりたいとかいってくるタイプの選手が好きなんです。それで、ああいう反応をしてくれたと思うんですけど、大八木さんの反応がキッカケで、ちゃんと走らないといけないと思い、意識が変わりました」

馬場が5区を希望したのには、もうひとつ理由があった。

倉敷高校時代からタフなコースが得意で、岡山県大会では細かいアップダウンが続く4区を好タイムで走り、都大路は上りメインの厳しいコースの3区を任された。

「今井さんや柏原さんの影響もあり、5区はすごい区間とはわかっていたのですが、自分は山の適性があるので5区を走りたいと思っていました。それに駒澤大学は平地では速い選手が多くて、自分じゃ相手にならない。特殊区間なら戦えるんじゃないかと思ったことが大きかったです」

車から5区を見たり、同じような坂を走っても、きついが上れる感覚があり、やりたくないようなコースではなかった。ただ、柏原が2012年の第88回大会に記録した76分39秒は、「100パーセント無理」だと感じた。

「調整がうまくいって、アドレナリンが全開の状況で走っても79分台、うまくいって78分台かなと思っていました。それに当時は東洋大学の設楽啓太さんや日本体育大学の服部翔大さんという、自分よりも力がある選手がいたので、この人たちに勝たないと『山の神』になれないのであれば、かなり難しいと思っていました」

馬場にとって、初めての箱根となる２０１４年の第90回大会は、希望どおり５区を任された。東洋大学から遅れること21秒差の２位で馬場は襷を受け、区間３位と健闘したが、区間賞は設楽が取り、往路優勝は東洋大学が勝ち取った。

「悔しかったですね。このシーズン、駒澤大学は出雲、全日本を獲って３冠に大手がかかっていました。僕は、染谷滉二さんとかお世話になった先輩たちに、優勝し、３冠達成をして卒業してもらいたかったんです。自分の５区ではとにかく前を詰めて、少しでもいい位置で往路につなぎたいと思っていたのですが、タイムも平凡（79分54秒）で東洋大との差は38秒に開き、本当に申し訳ない気持ちでいっぱいでした」

最終的に駒澤大学は、東洋大学を崩せず、総合２位に終わり、３冠は夢と消えた。

今度こそ、先輩たちを優勝で送り出したい。そういう気持ちを秘めて、馬場は第91回大会の箱根駅伝に臨んでいたのだ。

憧れの監督の檄を自分ごとにして

神野は、5キロメートルを超えて、いいペースで走っていたが、意外と差が詰まっていないことに原監督からの声で気がついた。

「5キロ、僕は14分47秒くらいで入っているんですよ。でも、馬場も14分54秒くらいで走っていたので、7秒くらいしか差が縮まっていなかったんです」

神野は、ハイペースを維持し、箱根湯本から本格的に坂に入った。函嶺洞門を左手に見て、橋を渡って坂を見据えた。このころは、馬場を意識して追うというよりは、「とにかく前へ」という気持ちで走っていた。

9・6キロメートルの定点観測地点である大平台の手前、9・2キロメートル地点だった。

「見えた」

馬場は、前を行く馬場の姿をハッキリと捉えることができた。

序盤のハイペースが影響したのか、少しペースが落ちているようだった。神野もスタートからハイスピードで飛ばした影響が出て、少しきつさを感じていた。

第6章　紙一重の歓喜

その矢先、カーブの切れ目に馬場の背中が見えたのだ。

「きついなあって思った瞬間に馬場の姿が見えた。これは、ここまでは相当いいペースできているという証拠だなと自信がもてました。ここで『タイム差が縮まっていない』という声を監督から聞いたら、相当にきつかったので気持ちが後ろ向きになっていたと思うんです。でも、ちゃんと追えていた。前を行く選手の背中が見えると力が沸くというのは、本当だなとあらためて思いました。きつかったのに、めちゃくちゃ元気になったんです。ここがこのレースのターニングポイントになりました」

神野は前にいる馬場を追うべく、さらにギアを上げて坂を上っていった。

このとき、馬場は自分の体に少し異変を感じていた。

箱根湯本でさらに加速して、神野を置き去りにしていくプランでいた。だが、逆にそこから上にあがるにつれて気温が下がり、寒さが身に染みて、ペースが落ちた。

「湯本を越えてから上にあがるにつれ、なんか体が動かないなって思ったんです。神野がハイペースで追っているのは理解していたので、このまま自分のペースが落ちていくと追いつかれてしまう。しかも体が動かなくなってきている。焦りと異変のダブルパンチで気持ちが追い込まれつつありました」

馬場の気持ちをザワつかせるほど、神野には勢いがあった。

5キロメートル地点までは、わずか7秒しか縮められずにいたが、背中をロックオンした9・2キロメートル地点では16秒差、つまり4キロで23秒、とくに8～9キロメートルまでは10秒も一気に差を詰めたことになる。

HAKONEと描かれた花壇の急カーブを通り過ぎ、大平台（9・6キロメートル地点）では、10秒差に迫った。

「こんなに早く来るとは」

馬場は、歓声などで神野が後ろに迫っていることに気がついた。

神野は、だんだん大きくなる馬場の後姿を見ると、「あれ、意外と動いていないな」と感じた。それがさらに神野のテンションを上げた。

10キロメートル地点、10メートル先にいる馬場は、明らかにスローダウンしていた。

「序盤で足を使ったのかもしれない」と神野は思い、10・33キロメートル地点で並走し、顔を見た。

「馬場の表情を確認すると、明らかにしんどそうだった。でも、もしかしたら死んだフリをして、並んでからが勝負と考えているのかもしれない。だから、並走して確認し、1回休もうかなと思ったんです。でも、ペースが遅いので、ここまでいい感じで来て、ここで心拍数を下げて、並走しても足が絡まりそうだし、ペースが合わないので、100メートルくらい並走してから前に出ました」

馬場は、並ばれたとき、ここからが勝負だと思った。

「10キロ過ぎで神野が横に来たときは、もう来たのかという驚きしかなかったです。自分の予想では、もう少し傾斜が強くなる13キロから14キロ地点か、あるいはそれよりもちょっと先くらいかなと思っていたので」

ランナーは、横に並んだとき、自分よりも、調子がいいか悪いか、見極めることができる。馬場は、神野の調子がいいことを躍動するような走りから感じ取った。

「最初、抜かれた瞬間、ついていこうと思ったんです。でも、手や体がかなり冷えきっていて、動かなくなってきていた。このまま無理せず最後まで走りきることに専念すべきか、それとも限界まで体を動かしていくべきか、迷いました。でも、神野の速さが自分と全然違うので、ついていける感じにはならなかった。これについていったら自分がもたない。ただ、ここまで神野はかなり飛ばしてきているので後半、落ちてくるはず。もしかしたら、ブレーキになるかもしれない。そこでまた勝負すればいいと割り切りました」

この時点で、両者の表情はまったく異なっていた。馬場の目線は下を向き、冷たく光るロードに向けられていた。神野は目線を坂の上にやり、前だけを見つめていた。両者の目線や目に宿る力強さの違いは、歴然としていた。

そのとき、大八木監督が運営管理車の窓を開けて、大きな声で叫んだ。

「馬場、並んでからが勝負だぞ」

神野は、この言葉を自分への激励に転換した。

「僕は、もともと駒澤大学に行きたかったんです。宇賀地強《うがちつよし》さんに憧れ、大八木さんに指導してもらいたいと思っていた。でも、先に青山学院大学に決まったので行けなかった。だから、このとき、ついに大八木さんの声を背中に受ける瞬間がきたんだ、馬場への声を自分への声だと思って走ろうと、気持ちがすごく盛り上がったんです」

走りと気持ちが嚙み合い、神野は神になるべく進んでいった。

運営管理車の主務の高木は、大会史上初めて青山学院大学が5区時点でトップに立ち、原監督が興奮しているのを容易に理解できた。

「神野は最初、監督が心配するくらいのペースだったんですが、それを維持し、追いついてからも強かった。監督は喜怒哀楽がはっきりしているタイプですが、このときは高揚感を抑えるのに必死というか、叫びたいくらい嬉しかったと思うんです。それをがんばって抑えている感じでした」

車内は神野の勢いに煽られるように熱気に満ちていた。高木は、落ち着かせようと持っていた飴を原監督やドライバーに渡した。

「そこから神野の力を発揮すれば、このまま優勝だな。ヤバい、マジで勝つ。そんな感じだったと思います」

原監督や高木の興奮を背に、神野はペースを落とさず、軽やかに坂を上っていた。

直前の2区から5区の入れ替え

大会前、誰が神野のここまでの走りをイメージできただろうか。

前回大会、神野はエース区間の2区を走り、区間6位の成績だった。今大会の箱根も2区にほぼ決まっており、神野自身も「僕は2区で」と覚悟を決めていた。

11月17日、「2区の最後の戸塚の壁を上るために坂の練習やっておけ」と原監督に言われ、2区をしっかり走りきるために5区候補の一色恭志《ただし》と坂の練習に参加した。

坂のコースでは、神野がまずスタートして、一色が30秒後に出ていった。

一色が神野を抜いていくことを想定しての練習だったが、一度腹痛で止まるもそのまま追いつかれることなく走りきった。

そのタイムを見た原監督は、「おまえ、すごいな」と興奮した声で、神野を賞賛した。データ的にも、過去の選手よりも2分30秒も速く、トイレに30秒行ったことを差し引いても2分は速いことになる。

計測していた高木は、走りからは想像できないタイムに驚いた。

「神野の場合、走りを見てすごくいいなというよりは、計測でのタイムが早くて、あれっ、こんなにタイムが出ているって感じだったんです」

全体のタイムを報告すると、原監督は、その場で神野に伝えた。

「よし、神野と一色と入れ替える。5区は、神野に任せる」

高木が驚くほどの即断即決だった。

神野も一瞬、「えっ」と思ったが、原監督の言葉を素直に受け入れた。

本来、エースを自認するのであれば、5区よりも2区で勝負したいと考えるだろう。だが、神野は2区を走ったものの、3年生になった今、エースと呼ばれることや2区に固執するよりも大事なことがあった。

「2年のときに2区を走ったのですが、ぜんぜんエースではなかった。3年になっても久保田和真や小椋裕介（ヤクルト）、上の代には藤川拓也（中国電力）さんとか強い選手がいたので、僕がエースという意識もこだわりもなかったです。僕は、自分がエースと呼ばれるより、みんなと一緒に優勝したかった。自分が2区か5区、どちらを走れば優勝に近づくんだろうって考えたとき、5区だなと自然に思ったので、監督の言葉をそのまま受け入れました」

神野の5区へのコンバートは、青山学院大学の箱根駅伝初制覇に向けて、戦略的な幅を大きく広げた。

それまでの青山学院大学の5区は凌ぐ区間のイメージで、ここで順位を上げるという区間ではなかった。だが、5区に神野がハマれば、東洋大学に柏原がいたときのようにオーダーの幅が広がり、遅れても5区で取り戻せると余裕のある編成ができる。

「神野が5区になった時点で、原監督は箱根を獲れると本気でそう思うキッカケになったと思います」

高木は、原監督の表情を見て、そう思った。そして、それが今、まさに実現しようという流れになっていた。

神野のスピードをレースで身をもって経験したのは、馬場1人だけだ。

「体重が軽いのもあるけど、テンポよく、スイスイと上がっていく。僕がかつて映像で見た今井さんや柏原さんの走りとはまったく違い、そのスピードに驚きました」

そのとき、神野は165センチメートル、43キログラムと非常に軽量だった。

坂を上るには体や足の負担が少ない軽量が有利といわれていたが、たんにウエイトだけの問題ではなく、神野は「自身のフォーム」に快走の要因があったと見ていた。

「僕は、平地と坂とフォームをぜんぜん変えていないんです。もともと後傾気味で、足だけ前に流れて、体が後ろからよいしょってついてくる感じです。でも、坂の場合、傾斜があるので後傾では走れない。そのために前へ、前へという意識が働き、前に踏み出そうとするので接地のタイミングが早く、良くなるんです。前に足を振り出そうとすると傾斜があるので、平地よりも素早く接地してトントントンと軽く走れるイメージです。平地だと無理やり力で動かしてみんなに食らついていたんですが、坂ではそのロスがなくなったのが大きい。もちろん、ほかにもきつくても粘って走れるとか、VO2maxが高いとかありますけど、なによりもロスのない走りが、坂で僕が能力を発揮できた大きな要因だと思います」

神野は、入学時、原監督から「フォームが汚いなあ」と言われるほどで、ガチャガチャした走りをしていた。

その後、フィジカルトレーナーの中野ジェームズ修一が考案したトレーニング、通称「青トレ」で体幹を鍛え、動的ストレッチで可動域を広くして、走り込みをすると、フォームが見違えるように整ってきた。

その一方で、やや後傾気味に走るところは変わらなかった。だが、その弱点ともいえる点が、山ではプラスに転じたのだ。

馬場が後ろから来る神野とのスピードの違いを感じたのは、ウエイトが軽く、接地時間の短さを実現して軽快に上がっていく走りと、神野の独特の腕振りが重なったからにほかならない。疲れが出てくると、どうしてもべた足で上る感じになってしまうが、神野はテンポ良く、変速せずに坂を上っていったのだ。

10キロメートル地点過ぎで、馬場との勝負はほぼ決着がついたが、神野にとっては往路優勝と「山の神」への挑戦が続いていた。

「馬場には、追いつきさえすれば勝てると思っていました。しかも追いついて200メートルくらい並走したら、ハイペースで走った疲れが全部回復したんです。たぶん限界ギリギリで追いついたので、並走することで落ち着くことができたんですが、ここで追いついていなかったらたぶんダメになっていたでしょうね。そのくらいギリギリでした。だから、馬場がいなかったら僕はタイムも出ていないだろうし、『山の神』にもなれなかったと思います」

馬場を抜いたあとは、自分の記録のことは脳裏から吹き飛んだ。青山学院大学として初めて往路優勝を狙える領域に入ったので、勝つことしか考えていなかった。

宮ノ下を越え、14・2キロメートル地点の小涌園前では、2位の駒澤大学に1分01秒の差をつけていた。

大平台から4キロメートル地点では約1分差がついたので、1キロで15秒ずつ差を広げたことになる。自分の走りと後続との差を考えると、よほど大きなアクシデントがないかぎり、往路優勝はほぼ確実だった。

だが、5区出走前に「山の神」になると宣言しており、その域に達する走りを実現するためには、この小涌園からが勝負だと思っていた。

「スタートから箱根湯本、そこから大平台、宮ノ下、さらに小涌園、そして最高到達地点、下りとすべての区間でのタイムを見たとき、いちばん差が開いていたのが、小涌園から874メートルの最高到達地点までの4・5キロなんです。小涌園までは、どの選手も突っ込んでいけばもつんです。でも、本当にきついのはそこからで、この4・5キロを僕は重視していました。今井さんや柏原さんがタイムを出したときも、ほかの選手とはそれまで10秒とか20秒しか違わないんですが、この区間では1分以上差が開いているんです。そのラップを見て、『ここをがんばれば2倍、3倍と差が開く』と思って、最高到達地点がゴールという意識で走っていました」

勝負区間をおさえて3代目の神へ

なぜ、5区のなかでもこの区間が重要なのか。

なぜ、ここで『山の神』と、ほかのランナーの間に大きな差が開いてしまうのか。

それはその区間のコースの特性にある。

最高到達地点は15キロメートル前後と、距離的にいちばんきついところだ。また、小涌園を越えて最高到達地点までの間は景色が変わらないカーブが何回も続いていく。

「次のカーブを越えると最高到達地点かなと思ってから、同じようなカーブが延々と繰り返されていく」

神野がそう語るように、気持ちが削られ、追い込まれていくのだ。

また、宮ノ下から小涌園までは、比較的、沿道で応援してくれる人が多く、その声に押されて気持ち的にもポジティブにいける。

だが、小涌園を越えると、そこに至るまでの坂が険しいせいか、応援する人の姿はほとんど見かけなくなる。坂がきつく、建物はほとんどない。うら寂しい感じが続き、山頂なので寒さもある。積極的に行って応援したい場所ではなく、まるで無間地獄のような区間だ。

「あの4・5キロは、いろんな苦しい要素が絡んでくるのでメンタル的にドーンときて、誰もいないので集中力も途切れがちになってしまう。ペースを維持するとか、上げられる人がほとんどいなくて、みんな落ちていくんです。だから、ここが勝負なんです」

神野は、小涌園から芦之湯までの4・2キロメートルを14分39秒で上りきった。区間2位の日本大学のダニエル・M・キトニーは同距離を16分03秒かかっていた。

ちなみに、柏原が第88回大会で出した76分39秒の区間新記録の際、この4・2キロメートルは14分40秒、区間2位の明治大学の大江啓貴が15分27秒なので、後続の選手はこれ以下のタイムに終わっている。

そうなると、ここで1分以上は余裕で開き、トータルで2分、3分と差が開いてもおかしくない。神野がいう最重要ポイントであることがタイムから見てとれる。

「芦之湯からの下りでがんばろうと思うのはダメですね。最高到達地点まで出しきったとしても、足には絶対に余裕がある。下りを利用して足を回せるし、心肺機能はむしろラクになる。上りでがんばっている選手が下りでもがんばれるんです。だから、あの4・5キロで出しきるくらいでいかないと差が開かないし、区間新も出せない」

最高到達地点を越えると運営管理車の原監督から声がかかった。

「ここで柏原の記録を20秒上回っている。区間記録更新できるぞ」

神野はその声を聞いて、小さくガッツポーズをした。

元箱根の箱根神社第一鳥居付近になると爆発的に人が増えて、応援のボルテージが一気に上がった。もうビクトリーランだった。

「でも、あんまり余裕はなかったです。ラスト1キロの看板が出ても、もう1回上らされるんですよ。けっこうきつくて、ラスト400メートルになって下りの道が白くなっていて、気持ちが高ぶっていくなか、右に曲がると一瞬にしてフィニッシュがくる感じなんです。最後、手でガッツポーズをとるのだけは考えていました」

最後の下りになったとき、左側の駐車場から青山学院大学の応援が聞こえてきた。両脇の人の花道に自分が吸い込まれていくような感じだった。

「ヤバかった。鳥肌が立ちました」

ゴールに向かって、神野は右に折れていった。原監督と高木はそれを見届けた。

「あいつ、すげぇわ」

高木は、心底そう思った。

神野は考えたガッツポーズを見せて、ゴールを切った。

青山学院大学陸上部は創部96年目にして、初の往路優勝だった。

神野は「2代目・山の神」柏原のもつタイム76分39秒を破り、76分15秒の区間新を更新し、「3代目・山の神」になった。

山の魔物との闘い

馬場は、10キロメートル地点で神野に抜かれたあと、指先が冷たくなり、いつもはもっと動くはずの体が、思うような動きになっていないことに気がついた。

「そのときは、低体温症がどんなことになるのか知らなかったため、山を上がってきて気温が下がり、吐く息も白くなっていたので、たんに冷えてきて体が動かなくなってきているのかなと思っていたんです。まだ半分以上残っていますし、体が思う以上に動かないので、どういうペースでいくべきか考え始めたのが13キロの地点でした」

小涌園を越えて、最後の上りに入ってからは、走りにおかしな症状が出始めた。通常は腕を振ると足が上がって前に出るのだが、自分では腕を振っているつもりなのに足が前に出てこなくなった。

「どうしたんだろう」

状況をつかめずに動揺する自分の声が聞こえてきた。上に行けば行くほど、寒さが厳しくなり、体がしんしんと冷えていった。芦之湯を越えて下りに入ると、運営管理車の大八木監督から、「いいか、切り替えていけよ」と声が飛んだが、体がいうことをきかない。

20・35キロメートル地点で明治大学の文元慧《ふみもとけい》に抜かれ、どんどん相手が見えなくなっていった。

「下りに入ったところで、声をかけられました。大八木監督は僕が上りできつくてブレーキしたので、下りに入ってからは切り替えて、ちょっとでも差を縮めてくれという考えだったと思うんです。でも、僕は逆に下りがきつくて、ぜんぜん体が動かなかった。感覚がないんです。いつ転倒するのかわからない。怖いけど、あと3キロなので、なんとか走りきらないといけない。襷をつなげないといけない。そのことだけ考えて走っていました」

低体温症を発症していた馬場だが、下りはなんとかギリギリの状態で走れていた。その様子を見た大八木監督からは、「もう少しだ、がんばっていくぞ」という通常モードの声が飛んだ。上りから下りになって動かないなりに少しペースを戻せたので、上りは単純にブレーキしたのだと感じていたのかもしれない。

元箱根の第一鳥居を越えてから、馬場の足取りが完全におかしくなった。ここで大八木監督もブレーキではなく、馬場の体に異変が起こっていることを察した。

22キロメートル手前で、止まらないように自分の体にムチ打って走ったが、ついに足が止まった。ヨロヨロとしながら動き出すと、大八木監督の優しい声が飛んだ。

「馬場、あと少しだ。ゆっくり、ゆっくり、ゆっくりでいいぞ」

記憶が薄れかけ、その声ははるか遠くで言われているように小さく聞こえた。

「記憶が飛んでしまい、途中から大八木さんの声もよくわからなくなって。でも、不思議と、あと1・5キロくらいというのはわかっていました。もう走っているというようなレベルではなかったんですが、とにかくゴールをしないといけない。襷をなんとかつなげないといけない。その気持ちだけでした」

途中で東洋大学に抜かれたが、もうどうすることもできなかった。

恩賜公園の横を通ってラストの直線に入り、フラつきながら右折すると、ゴールラインの先に誰かが待っているのがぼんやりと見えた。

そこにいたのは中村匠吾と村山謙太だった。馬場がその2人だと理解したのは、あとで映像を見直してからだった。

ゴール手前、一度、地面に手をつき、腰を折りながらも立ち上がった。沿道のファンから「あと少し」「がんばれ」という大きな声援が飛んだ。ヨロヨロとフラつき、また地面に手をついた。ここで倒れたら終わってしまう。ＫＯ負け寸前だったが、意地でも襷はつなぐという気持ちだけで二度目も立ち上がった。

そのままゆらゆらと、馬場はゴールテープを切った。

往路4位、トップの青山学院大学とは7分25秒差だった。

すぐに救急車で運ばれて病院で治療を受けた。

回復したあと、馬場は寮に戻ってきたが、正直、帰りづらかった。監督には、「みんなに謝れよ」と言われ、馬場自身も謝りたいと思っていた。

第6章　紙一重の歓喜

「謝りたいと思ったんですが、なんて言えばいいのだろうとすごく悩みました。自分が往路を壊してしまった責任はありますが、まだレースが終わってもいないのに謝って、負けた雰囲気をつくるのがイヤでしたし、復路のメンバーがその雰囲気にのまれて走れなくなってしまうのが怖くて」

その日は、往路を走ったメンバーと先輩だけに謝り、翌日、復路が終わったあとで、みんなに謝ろうと決めた。

復路のメンバーは青山学院大学に遠く離されていたが、「あきらめないで走ろう」と一致団結し、最終的に総合2位で箱根駅伝を終えた。

大手町での報告会では、馬場は一度も顔を上げることができなかった。みんなに「おまえのせいだ」と後ろ指をさされているような気がして、前を向けなかった。

そんな馬場の落ち込んだ気持ちを救ってくれたのは、先輩たちだった。

「せっかく1位で襷をもらったのに、こんな結果になり、すいません。最後の箱根で4年生のみなさんに勝って卒業してほしかったのですが、本当にすいません」

馬場が頭を下げると、村山は、「おまえだけの責任じゃない」と言い、こう続けた。

「プレッシャーを与えるようなタイム差で馬場に渡してしまった。思ったように走れなくて貯金をつくれずに申し訳ない。だから全部、おまえが悪いわけじゃない。あと1年あるんだから、来年、リベンジしてほしい」

村山の言葉に、馬場は救われた。

ほかの4年生たちも馬場のブレーキを深刻にとらえず、

「もう終わったことだからしょうがない。次は、ちゃんと厚着して走れよ」

と、ネタにして笑ってくれた。馬場自身はそれを受け入れるのに時間がかかったが、ネタにしてくれることで気持ちが少し楽になった。

「箱根が終わってから、走るほうに気持ちがなかなか向かなかったですね。練習を再開してもなんのためにこの練習をしているのか。自分が納得いく状態でやれていなかったので、なんとなくもう終わりなのかなぁと。実業団の話もきていたので、これから先も競技を続けるのか、このタイミングでやめるのか。日常生活でもイヤなことが続き、継続か引退かの瀬戸際に立っていました」

ぬぐいきれないトラウマ

箱根後は、平穏な日々を送れるような状態ではなかった。

電車に乗っていると、「あの人、5区で抜かれた人」と囁《ささや》くような声が聞こえてきた。その場にいるのがつらくなり、違う車両に乗り換えた。また、指を差されるんじゃないかと、被害妄想が激しくなり、外出する際は帽子とマスクが欠かせなくなった。やがて外に出ること自体がイヤになり、寮に閉じこもった。

敗因をブレーキになった選手に押しつけて誹謗中傷するのは、馬場のときも、その前からも今も変わらない。SNSが盛んな今は、より激しくなっているといえる。犯罪などの悪事を働いたわけでもないのに、「おまえが悪い」「おまえの責任だ」と叩かれてしまう。

「チームのみんなや関係している人には申し訳ないと思っていたんですが、チームとは関係のない人たちから、なぜ、こんなにも言われないといけないのかと正直思いました。やっぱり言われると傷つくんですよ。僕はもともと有名になりたいとかなくて、静かに競技したいタイプ。でも、変に有名になってしまって、いろいろ言われて。さすがに精神的に病みはしなかったですが、ちょっと耐えられなくなっていましたし、競技についても続けるかどうかすごく考えていました」

そんなとき、声をかけてくれたのが倉敷高校の恩師である新監督だった。

馬場が競技について悩んでいるというのを聞いたのだろう。都道府県駅伝があるので、「リハビリ感覚でいいから走らないか」と声をかけてくれたのだ。

「自分があんな状態になり、最悪の結果になったのにもかかわらず、新監督が『箱根であんな走りだったから疲労はないだろうし、走れるでしょう。今、走らないとたぶん、戻れなくなるからとりあえず走れ』と言ってくださったんです。新監督のおかげで僕は陸上から離れずにすみました。都道府県駅伝で走っていなかったら、試合に出るのがどんどん怖くなってやめたかもしれない。今、思うと、ブレーキした5区から都道府県駅伝までの間、先輩の言葉とか、新監督からの都道府県駅伝出場の打診とか、どれかひとつでも欠けていたら、僕は陸上をやめていたと思います。そういう意味では、いろんな人に助けられて自分は運があったなと思います」

陸上からのドロップアウトを免れた馬場は、4年生になり、最後の箱根駅伝を迎えようとしていた。

「リベンジしろよ」

村山の言葉もあり、5区を走ることを心に決めたが、いざ坂を走ると思うように体が動かなかった。坂のトライアルでは、一度目は体調が良くなくて、途中でやめた。コンディションを整えて再度、坂を走ると、1回目のときよりも前でやめてしまった。

「前年の5区のことは吹っ切れていたんですが、いざ坂を走るといろんな記憶がフラッシュバックするように蘇ってくるんです。このペースでいったらまたブレーキになってしまうんじゃないかと思ってしまう。もうトラウマですね。そんな状態を見ていた大八木監督もさすがに心配になったのでしょう。『5区を選ぶのか、それとも8区でいくのか、自分で決めろ』と言われたんです。相当、悩みました」

馬場が悩み、苦しむ姿を見た藤田敦史コーチが、「気分転換に8区を見てみないか」と誘ってくれた。車窓から見た8区は、5区と違ってロードが明るく、見通しもいいし、道路も広い。「ここ、いいな。走ってみたい」と思った。

5区は、馬場の希望だったが、もともと欲がないタイプ。今井正人や柏原竜二のようになりたいというような欲がなく、区間記録や自己ベストを出すことをつねに目標にしていた。

陸上への欲よりも、当時は食欲が強かった。

レース後や練習が終わったあと、何を食べようか。食べることばかり考えていた。とりわけ好きだったのは、ローソンのカツサンド。店頭になければ、「ないですか」とレジの人に聞いて、つくり終わるのを待って購入するほどだった。

「陸上の夢を壊してしまうかもしれないですけど、僕は食欲が一番でした」

そもそも、「自分が、自分が」というタイプでもなかった。

駅伝をするうえでは、「自分がヒーローになって勝利に導くんだ」というよりも、チームが優勝するためには自分が何をすべきかと、チームを優先するタイプ。

この選手が走ったほうが、自分が走るよりも結果が出るのではないか。自分の調子とほかの選手の調子を比較したとき、自分が引いたほうがいいのではないか。

その思考は、もしかするとアスリート向きではないかもしれないが、引退するまで変わらなかった。

「周囲の選手を見渡すと、5区は、そのとき、大塚祥平（九電工）が自分以上のタイムで走れて任せられる感じだったので、無理に自分がいかなくてもいいかなと思いました。それに、また5区を走ったらおそらく失敗するだろう。なんとなくですが、イヤな予感があったんです。その勘みたいのがけっこう自分は鋭くて……。自分が見て、『いい』と思った8区でチームのために走ろう。そう思ったので、8区に決めました」

2016年の第92回大会、馬場は8区を駆け、区間2位の好走を見せた。トップの青山学院大学を追いきれず、駒澤大学は総合3位に終わった。

前年、5区で戦った神野は、最終学年でも5区を走り、区間2位だった。「3代目・山の神」になり、青山学院大学の箱根駅伝2連覇に貢献した姿を見て、馬場は「神野はすごいな」と驚嘆した。

「僕が5区を走ったときは、前年の日本体育大学の服部翔大さんのように平地でも走れる力をもった選手が少なかったので、誰が区間賞を獲ってもおかしくなかったんです。神野もそのなかの1人だったのですが、そこから突出したパフォーマンスを見せて区間記録を更新したのでビックリしました。たぶん神野は、僕のことはあまり眼中になかったんじゃないかなと思います。でも、僕は一緒に山を走ったから彼のすごさがわかる。神野は76分15秒で僕は79分54秒だったのですが、3分39秒も違うということは1キロくらい差があるということです。軽快に山を上っていった後ろ姿は、今も忘れられない。神野は化けものですよ。それは神野と一緒に山を走った人にしかわからない感覚だと思います」

卒業後、試合会場で、神野と会話をする機会はほとんどなかった。

5区のレースは、馬場にとって〝苦いトラウマ〟として記憶に残り、それを消化することができたのは、NTT西日本の陸上部に入社し、東京を離れて大阪で活動するようになった数年後だった。

一夜にして変わった世界

柏原の区間記録を破るタイムで青山学院大学を往路優勝に導いた神野は、記者会見や優勝インタビューを終え、芦之湯にある宿に投宿した。原監督と主務の高木、6区を走る予定の村井駿ら6名だけで、往路優勝したとは思えない質素な夜だった。

「区間新を出して、往路優勝した実感は、ぜんぜんなかったですね。地味に聖也さんと2人で箱根のダイジェストを見て、すぐに寝ました」

第6章　紙一重の歓喜

翌日の早朝、6区の付き添いをしていると、記者がスポーツ新聞全紙を見せてくれた。一面はすべて芦ノ湖でゴールした神野の写真で、「新・山の神の誕生」という見出しで神野大地の名前が大きく踊り、「すごい結果を出したんだな」と思った。

「レースを振り返ると、僕と馬場は、たぶん紙一重だったと思います。実は、僕も走っていて途中からめちゃ寒くなって、『やべえ、頭が締めつけられてきた』と思ったんです。そうしたら、小涌園で雲の合間から太陽が出てきて、その陽を浴びて体が回復したんです。僕が5区で勝てたのは、このときも含めて全部の運が味方してくれたからだと思います」

6区の付き添いを終えると、フリーの応援になったので、8区で久保田、一色たちと合流した。駅近くに行き、車から降りて応援場所に向かって歩き始めると、箱根駅伝を応援する人たちがいっせいに振り向き、写真を撮られ、テレビカメラまでも神野を追った。

まさに「ヒーロー誕生」だった。テレビでよく見た、アイドルがファンに囲まれて歩いていくのと同じようなシーンが現実になった。

「僕のことをまったく知らない人たちが、一夜にして僕を知っているわけじゃないですか。それってなかなかない経験だと思うんです。すごいなと思いましたし、すごく不思議な感じでした。もともと見られているのは嫌いじゃないですけど、なんか変なことはできないなという意識は働きましたね。『自分の時代がきたな』ではないですけど、このときは、人生でいちばん調子に乗っていたのかもしれません」

そう思うのには、不遇だった高校時代の経験があったからだ。

母校の愛知県の中京大附属中京高校はスポーツが強く、神野がいた特待生40名のスポーツクラスは、野球、サッカー、水泳、フィギュアなどで全国大会に出場経験があり、実績と実力がある生徒ばかりだった。

だが神野は、全国はもちろん県大会出場経験もなく、実績はほとんどなかった。

高校では全国レベルで戦えるチーム、選手が人気の頂点に立つヒエラルキーがある。野球部やサッカー部は活躍し、ちやほやされ、女子にもモテる。エリート選手であり、クラスメートでもある彼らに、神野はスタート時点から、「おまえ、何してんの？」みたいな視線で見られることも少なくなく、彼らに引け目を感じていた。

「もうハングリー精神、ハンパなかったですね。野球部とサッカー部にかわいい子を全部もっていかれて、陸上部はまあモテない。競技でもなかなか結果が出ず、このまま3年間を過ごしたら、『おまえ、何しに来たんだよ』って感じじゃないですか。そういう気持ちを抱かせてくれたからがんばれた。もし、普通の高校に行って周囲に刺激し合う仲間がクラスにいなかったら、野球やサッカーに負けないぞという気持ちをもちつづけることが難しかった。その気持ちをずっともちつづけることができたので、箱根で『山の神』になったとき、自分がようやく日の目を見る瞬間がきたと思いましたし、人生って何が起こるか、本当にわからないな思いました」

神野は、大手町でほかの選手と合流し、アンカーの安藤悠哉を待っていた。

ゴール100メートル手前から悠哉コールをしたが、「もっと手前でしょ」「いやいやもう来るから」、選手たちは笑顔であれこれ言い合い、歴史的瞬間を待っていた。

安藤が飛び込んできた瞬間、そこに大きな輪ができた。

優勝の総合タイムは、10時間49分27秒、大会史上最速での初優勝を決めた。原監督が宙に舞い、神野は金栗四三杯を獲得し、「山の神」になった。

翌2015年シーズン、最上級生になった神野は、2連覇に向けて始動した。

「山の神」になり、青山学院大学の主将になって注目度は尋常ではなかった。ファンもメディアも放っておけない存在になったのだ。

しかし、注目されるぶん、厳しい声やアンチな声も増えた。疲労骨折などで、優勝した出雲駅伝には出走せず、全日本大学駅伝はアンカーとしてトップの東洋大学を追走したが、区間8位に終わり、チームも2位に終わった。

その日から、「ブレーキになった責任を取れ」など、批判の声が届いた。

その後、足を痛めてチームから離脱するもなんとか出走できるところまで戻し、箱根駅伝はギリギリ間に合った。

前年のような異次元の走りは実現できなかったが、それでも区間2位で、1区から10区まで一度もトップを譲らない完全優勝に貢献した。

「このときは、ホッとした気持ちとチーム全員で勝ち取った優勝だったので、主将としてすごく嬉しいという気持ちでいっぱいでした」

大学ではすべてをやりきった。箱根で連覇を達成し、「山の神」になった。何者でもなかった高校時代の自分からみれば、天国と地獄の差ほどの違いを感じた。

「『山の神』になっていちばん大きかったのは、僕のことを知ってくれて、応援してくれる人が増えたことです。僕は、のちにプロになり、マラソンでオリンピックを目指すようになるんですが、そのときも多くの人が応援してくれました。つらいことが多いマラソンですけど、心が折れずにがんばっていけたのは、このときの活躍で応援してくれる人が増えたというのがすごく大きかったです」

5区で区間新記録を出せた自信は、卒業後のターゲットも変えた。

「5区で結果を出せたことで、自分の目標も変わりました。大学2年のときに東京オリンピックの開催が決まったのですが、自分もオリンピックに向けてがんばってみたいと思ったんです。3年のときの箱根がその後押しになりましたし、あの結果がなければ、プロという選択をし、マラソンに挑戦することもなかったかもしれない」

ただ、山のインパクトが強すぎてしまい、「山だけ」というふうにとらえられ、平地でいい走りをしても、それほど評価してもらえないこともあった。

神野は2015年の丸亀ハーフ（香川丸亀国際ハーフマラソン）で61分21秒の、当時、日本学生歴代3位の記録をマークし、2015年都道府県駅伝では7区を走り、1位の出岐雄大《できたけひろ》、2位の鎧坂哲哉に続いて3位に入り、健脚ぶりを見せた。平地のレースでも神野は、結果を出していたのである。

「大学から社会人1年目までが、僕の陸上人生の絶頂期でした」

神野は、昔を懐かしむ表情をして、そう言った。

強烈なスポットライトの光と影

2016年4月、神野はコニカミノルタに入社したが、それから2年後、プロに転向し、マラソンで東京オリンピックを目指すようになった。

それは神野にとって、決してビッグマウスでも不可能な目標でもなかった。

「そう思えたのは、箱根の経験が大きかったです。学生時代は結果が出て、自信がついたし、自分がいちばん強いと思っていました。クリアできた目標が、できなかった目標よりも多くて、次の舞台に挑戦しよう、初マラソンで日本記録を狙って、東京オリンピックに行くと、本気で思っていました。でも、卒業して、『山の神』を離れて陸上で頂点を目指す争いになったとき、少しずつ壁を感じるようになったんです」

神野は、東京オリンピックのマラソン男子代表の座を獲得すべく、MGC出場の権利を得るために2017年12月3日、福岡国際マラソンに出場した。

初マラソンだったが腹痛に苦しみ、「もうマラソンなんて一生やらねえ」と思った。だが、日本人トップの大迫傑《すぐる》のインタビューを聞き、「このまま終わるわけにはいかない。次のマラソンで勝負だ」と前を向いた。

続く翌年の東京マラソンも、2時間10分18秒でMGCには届かなかった。

レース後は、不甲斐なさから号泣し、自信を失いかけた。それでもコツコツと練習を続け、腹痛対策や後半失速の課題に向き合った。

神野がMGC出場の権利を獲得したのは、2019年3月の東京マラソンだった。

「MGCの出場権を獲るのにだいぶ手こずりました。ここから上げていくぞと思ったのですが、この時点で負けていた気がします。2017年にMGC出場権獲得に挑戦して、獲れたのが2019年ですからね。その間、ほかの選手と自分を比べたり、マラソンはうまくいかないなあという気持ちが芽生えてきたりしていたんです。みんなと自分がもっているものが違うのかなと思った時点で、もう負けだったんです」

2019年9月15日、東京オリンピックのマラソン代表を決めるMGCで、神野は2時間17分40秒の17位となり、目標に届かずに終わった。オリンピックの挑戦を継続すべきかどうか悩んだが、「ここで終わると後悔する」と思い、再び立ち上がった。

パリオリンピックに向けてのMGCの出場権は、2021年12月の防府読売マラソンで2位になって獲得した。2023年10月のMGC出場まで十分な調整期間を得たものの、本番では故障の影響もあり、56位に終わった。

「箱根で注目を浴びて、目標が高くなってしまい、理想を追い求めすぎていたのかなと思います。学生時代は自分の目の前の目標をクリアして、次の大きな目標に近づいていくというのが自然とできていたんですが、社会人になってプロになり、大きな結果を出さないといけないと思ってしまった。大迫傑さんは、大きな大会で結果を出していますが、レースの選択は自分の現状や今後に合わせて冷静にしていたと思うんです。僕にはそういう能力がなかった。学生時代に培ったプライドが邪魔して、身の丈に合ったレースの選択ができなくなっていた。そんなプライドは、もっと早くに捨てるべきだと、あとで気がついたんですが……」

神野は、福岡国際マラソン、東京マラソンとビッグレースばかりを狙っていた。大きなレースで勝ってこそ意味がある。箱根駅伝という大きなレースで5区の区間新記録を出して「山の神」になったプライドから、大きなレースを走ることが自分の使命であり、存在意義でもあると思っていた。

一方、マネジメントを担っていた元主務の高木やコーチの藤原新《あらた》は、身の丈に合ったレース選択を神野に勧めた。神野の実力を考えると、そのほうが結果を出せるし、自信の回復にもつながると見ていたからだ。それが防府読売マラソンであり、そこで

第6章　紙一重の歓喜

神野は2位になっている。

「山の神」と呼ばれることについて、「いつまでも山ではない」と答えたこともあったが、プロになってからその称号は足枷《あしかせ》になったのだろうか。

「プロになったころは、そう考えていて、マラソンで結果を出して『マラソンの神』と呼ばれたいと思っていました。でも、途中から『山の神』から脱却するとか、そういうことは考えなくなりました。『山の神』から自分がどう成長していくのかが大事だと思ったからです。マラソンで結果を出したからといって、僕のことを『山の神』と言う人がいなくなるかというと、そういうことはないですからね。『山の神』と言われたけど、『マラソンもがんばったよね』と言われるのが理想だったのですが、マラソンについては単純に実力不足だったです。自分なりに一生懸命に努力をしましたが、『マラソンの神』にはなれなかった」

パリオリンピックの男子マラソン代表選考レースを終えたあと、神野は故障を完治させるべく、レースの舞台から離れた。

時を同じくして2022年、馬場は重大な決意をした。

駒澤大学卒業後、NTT西日本の陸上部に入社した馬場は、その3月、監督に2023シーズン限りでの引退を報告した。

「引退する前は副キャプテンをしていたのですが、自分の結果よりもチームや他人の結果を望むようになり、そのことを考えすぎて胃潰瘍になってしまったんです。毎日、小さなヨーグルト1個しか食べられず、走れない自分がお金をもらっている。それじゃ給料泥棒になるので、早めに違う道に行ったほうがいいと思いました。ただ、肩を叩かれての引退はしたくなかったので、やめるときは自分からやめるというのは決めていました。それに2023年に30歳になるので、その節目にやめて社業でやりたいことに取り組みたいと思っていたんです。やめるときはいっさい悔いはなかったです。走りたかったレースにも出られましたし、やりきった。陸上をやって楽しかったと思ってやめることができました」

社業では、今は営業職に就いている。

クライアントとの会話のなかで、大学の部活から箱根駅伝の話になると話が弾むなど、大学時代の部活の経験が活きることもある。

陸上部を退部してからは、ほとんど走っていない。体重が20キロほど増え、営業先では、会う人には陸上部ではなく、野球部に思われることが多い。筋トレをしているせいもあるが、体つきががっちりしており、華奢な陸上部には見えないようだ。

「今はたまに、鴨川沿いを10キロくらい走る程度です。市民ランナーとしてマラソンを走る予定もないですね。チームで竹ノ内佳樹さんや山本翔馬がマラソンをしていて、その練習を見たとき、ハードだし、絶対に無理だと思ったんです。これからは、まず体重を落としていきたいです。箱根の特番とかで取材を受けることになったとき、太った自分が出ていくことで昔応援してくれた人たちの夢を壊したくないなと思っているので」

　馬場はそう言って、伸ばした髭をさすり、苦笑した。


　馬場を含め、箱根駅伝を走った選手でも、学生時代で燃えつき、実業団に入るも数年でやめていく選手も少なくない。

　神野は、この現象をどう見ていたのだろうか。

「僕は、箱根で燃えつきてやめてしまうことは、本人がそれでいいならいいと思うんです。視聴率が30パーセントなんて、箱根駅伝とWBC（ワールドベースボールクラシック）くらいでしょうし、箱根駅伝を見ない人でも、箱根駅伝を知っている人は多いと思います。それだけ大きな舞台なんですよ。社会人になって数年でやめてしまう人は、自分の限界を知ってというのもあると思うけど、実業団での陸上にガッカリした人も多いのかなと思います」

神野も経験したが、箱根駅伝と実業団では陸上が違う世界の競技に見えたという。

「箱根駅伝は、めちゃくちゃ華やかな舞台なんです。でも、卒業して実業団に行くと、すごくまじめに修行僧のように練習している感じでした。大会もほとんど人がいないし、日本選手権で優勝しても誰も知らないとか、すごく地味な世界です。自分が速くなりたいという気持ち以外、モチベーションが上がる要素がなかった。僕は大学時代の流れで応援してくれる人がたくさんいて、『山の神』だけで終わりたくない、『マラソンで活躍したい』と思ったので、プロとしてがんばることができたんですが、現状、モチベーションを失ってやめていくのもしかたないと思います」

今の日本の陸上界に、野球の大谷翔平、サッカーの三笘薫や久保建英、バレーボールの石川祐希のように、世界を相手に戦うプレイヤーがいるだろうか。トラックやマラソンで世界では、残念ながら陸上界には見当たらない。

「瀬古利彦さんが『なんでやめちゃうんだよ。箱根で燃えつきちゃもったいない』ってよく言いますけど、だったらそうならない環境づくりも必要だと思います。一時期、マラソンで日本記録を出したら1億円の報奨金が出たじゃないですか。報酬面での魅力や知名度を高めていくことは大事なこと。卓球はちょっと前まで地味だったけど、水谷隼人さんや石川佳純さんがテレビに出て、今は知らない人がいないくらいですし、卓球自体の人気もすごいじゃないですか。同じように陸上界を、もっと華やかな世界にしていきたい。僕が、離れた実業団に今回もう一度戻ったのは、陸上を魅力あるものにしていきたいという思いからなんです」

2024年4月、神野は、実業団チーム「M&Aベストパートナーズ」の選手兼監督のプレーイングマネージャーに就任した。

「オリンピックという目標を追い求めてやってきましたが、達成できなかった。やってきたことに後悔はないですが、これからはもう一度、学生時代のように自分の目の前にある目標をひとつずつクリアして道を切り開いていきたい。選手兼監督ですが、指導経験はないので、これから学びつつになります。個人としてもマラソンではなく、駅伝で結果を出して、自分自身がやれるんだという気持ちになりたいですし、新しいチャンスをくれた人たちに、結果で恩返しをしたいと思っています」

中学校の卒業文集に、神野は駅伝について、襷をつなぐ意識をもち、最後にゴールしたときの達成感や格別な気持ちになること、沿道の応援が力になることについて書き記している。

そして、最後に、箱根駅伝への想いをこう綴っている。

〈僕の今の夢は、大学生で箱根駅伝に出場することです。それには誰にも負けない努力が必要ですが夢を目標に一生懸命全力で走り続けます〉

目標は違うが、今も神野の信念は揺るがない。

第7章

新たなる「山の神」

山の神々を生んだ背景

神野が「3代目・山の神」になった2015年の第91回大会以来、「山の神」は誕生していない。今井が「初代・山の神」になったのが、2007年の第83回大会、柏原が「2代目・山の神」になったのが、2009年の第85回大会で、今井から神野までわずか8年間に3人の「山の神」が生まれたことになる。

なぜ、この期間に集中しているのか。ひとつは、区間距離の変更により、第82回大会から20・3キロメートルから23・4キロメートルに増え、それによって5区の戦略的な重要性が増し、勝負を決する区間になったことがあげられる。

山の神が誕生する前から「山を制するものは、箱根を制す」といわれてきたが、それが圧倒的な真実となって各大学に突きつけられることになった。

そのため、各大学は5区強化を押し進め、2区を走れるくらいの走力の高い選手を5区に起用するか、あるいは山に特化し、強い選手をスカウティングしてきて山のスペシャリストに育成して登用した。

実際、今井と神野はともに2区経験があり、柏原は高校教員だった酒井がその足腰の強さに目をつけ、東洋大学に推薦したことが「山の神」の誕生につながっている。

もうひとつは、記録更新の連鎖だ。今井が78分05秒の区間新記録を出して卒業した2年後に、柏原が77分18秒の区間新を出した。柏原が76分39秒で区間記録を塗り替えた3年後に、神野が76分15秒を出して表舞台に飛び出した。

柏原は同郷の先輩である今井を尊敬し、「彼のようになりたい」と5区を駆けて、現実にそうなった。神野は、「『山の神』になることが大きなモチベーションになった」と語るように、5区を走ると決まったときから、「山の神」を目指すことを決めた。彼らはモチベーションと目標設定が明確で、かつ記録を更新していく流れに乗った。

これは近年のマラソンに見られた現象でもある。

2018年2月の東京マラソンで、設楽悠太（西鉄）が2時間6分11秒をマークし、16年ぶりにマラソン日本記録を更新した。その8カ月後の2018年10月、大迫傑（NIKE）がシカゴマラソンで設楽の記録を更新する2時間5分50秒で走り、日本人初の5分台をマークした。さらに、2021年2月、鈴木健吾（富士通）がびわ湖毎日マラソンで2時間4分56秒をマークし、5分を切るタイムで日本記録を更新した。

滞っていた日本記録に一矢を入れることで、堰を切ったようにタイム更新の流れが加速していった。

神野が卒業した翌年、2017年の第93回大会に、5区の距離が23・4キロメートルから20・8キロメートルに変更になり、それ以降、「山の神」は姿を現さなくなった。

そこから箱根駅伝の戦い方は、大きく変わっていった。

5区の距離が短縮されたので特殊区間依存型から、全体をバランスよくまとめる駅伝に変化していった。以前のように1区間で失敗しても取り戻せる駅伝ではなくなり、10区間すべてで失敗が許されない、非常にシリアスなスピード駅伝になった。

そうなったのは、選手の走力が上がったからでもある。

今の大学生のトップクラスは実業団の選手と遜色ない走力があり、大学生全体の平均値が上がっている。それは、もちろん選手の努力によるところが大きいが、厚底シューズの恩恵を受けていることが大きい。シューズのイノベーションにより、走力にも革命的な進化が起こり、レースが高速化した。

時代とともにレースが変わりゆくなかで、「4代目・山の神」が生まれる条件とは、どういうことになるのだろうか。

「『山の神』になるには、3つの条件をクリアし、かつ運も必要になります」

そう語るのは、神奈川大学の大後前監督だ。

「チームを救う走り。圧倒的なタイム。往路優勝、総合優勝に貢献することでしょう。今井君も柏原君も、神野君もその条件をいずれもクリアしている」

今井は、第83回大会で4人を抜き、区間新記録のタイムで往路優勝、総合優勝に貢献し、金栗杯を手にした。柏原も第85回大会で11人を抜いて区間新記録を出し、往路優勝、総合優勝に貢献し、金栗杯を得た。神野も第91回大会で1人を抜き、区間新記録を出して青山学院大学初の往路優勝、総合優勝に貢献し、金栗杯を得ている。

区間賞や区間記録の更新は選手個人の努力で実現可能だが、チームの優勝はいくら個々にすごい選手がそろっていたとしても達成できるとは限らない。10人全員がしっかりと走るのは当たり前のように思えるが、全員がブレーキにならず、自分の走りを実現し、総合優勝にまで辿りつくのは奇跡に等しい成功の連鎖が必要になる。

また、自分やチームの戦いだけではなく、他大学のレース展開など、自分たちではどうすることもできない運任せの要素が絡んでくる。

だが、近年、「山の神」にもっとも近づいた選手がいた。

城西大学の山本唯翔（ＳＵＢＡＲＵ）である。

2023年の第99回大会、大学3年のときに5区を走り、70分04秒で区間新記録を出した。だが、城西大学は往路9位、総合9位に終わった。続く第100回大会でも69分14秒で5区の区間新記録をマークして金栗杯を得たが、往路はチーム3位、総合3位という成績だった。

「山本君は膝や足首の使い方がうまく、上っているぞという感覚では上っていない。だから速いんです」

今井は山本のセンスと能力を高く評価しているが、二度の区間新は記録だけ見れば、「山の神」に匹敵するものだ。だが、彼は神ではなく、「山の妖精」に終わった。大後前監督は、「巡り合わせなので、彼にとっては不運ですが」と前置きしてこう続ける。

「個人として山本君は、第99回大会、第100回大会と2年連続で5区区間新を出しているので、記録的には山の神の3人と遜色はありません。また、2023年のWUG（FISU ワールドユニバーシティゲームズ）10000メートルでも銅メダルを獲得して、競技実績も申し分ない。しかしながら、チームの成績が違いました。たしかに城西大学は総合9位、総合3位と順位を上げて破竹の上昇チームです。個人記録がチームの優勝に貢献できるかどうか。ある意味、チームが優勝できるかどうかは、そのときの運でもあるわけですが、それを含めて巡り合わせの強運をもつ選手が『山の神』という称号を与えられるんじゃないかと思います。『山の神』って、とても重いですよ」

タイムを出して優勝に貢献する。それを踏まえたうえで最後の一押しになるのが、メディアとファンの反応だ。（当然ながら、3人とも「『山の神』と呼んでください」とお願いをしてなったわけではない）。

「内輪だけで神だとかいっても認められない。最後は、メディアとファンのみなさんの理解が『山の神』の誕生に大きな後押しになったと思います」

神野は、実感を込めて、そう語る。

必要な要素、必要な条件をクリアしてなおかつ、メディアを通してファンや一般の人たちに認知してもらう必要がある。「山の神」になるのは、最後は運だなと思ってしまうくらい、さまざまなことが奇跡的に重ならないと難しい。

裏を返せば、それだけ5区の重要性も注目度も高いということだが、箱根駅伝が巨大化した今、甲子園のような憧れの舞台となり、どこの区間でも出場できればいいと思う選手が増えている。神奈川大学でも「5区を走りたい」と鼻息荒く、訴えてくる選手が多いという。

意欲は大事だが、そこで重要になってくるのは、選手のやる気を買うのではなく、監督が冷静に、その選手の能力を見極める目だと、大後前監督は話す。

「学生は、箱根を走りたいので、どこでもいいからメンバーに入りたいと思うんですよ。だからどこでも走れますというし、5区でもなんでもいいから手を挙げる。でも、5区は特殊区間だけに、やっぱり上りに必要な能力、技術がいるんです」

上りに必要な能力とは、どういうものになるのだろうか。

「5区は、平地のようなスピードがいらないんです。キロ4分くらいで上っていくので、スピードよりも地面を効率的に押していけること、ストライドの大きさよりもリズムをちゃんと刻んでいけることが大事です。だから、腰高のスピードタイプの選手の適性区間ではないと思います」

腰高といえば、アフリカ人のフォームが思い浮かぶ。これまで5区で区間賞を獲ったアフリカ人ランナーは、2019年、第92回大会の日本大学のダニエル・M・キトニーだけだ。留学生最強ランナーといわれた東京国際大学のイエゴン・ビンセントは、

1年時は3区区間新記録、2年は2区区間新記録、4年時は4区区間新記録を叩き出したが、彼がもし5区を走ったらどんな記録を出しただろうか。

スピードが持ち味のアフリカ人留学生は平地区間、とくに2区に起用されるケースが多く、第100回大会でも2区は23校中4人の留学生が駆けた。

平地で少しでも優位に展開したいという戦略から平地区間に置かれており、5区を走ったアフリカ人は2人のみだ。ただ、「坂のトレーニングをして走れば、5区で区間賞を獲れる走りはできる」と大後前監督は言う。

今後、5区で留学生が「山の神」になる可能性は十分にある。

「山の神」に必要な科学的要素

大阪公立大学で都市健康・スポーツ研究センターの岡崎和伸教授は、ランニングのハイパフォーマンスにつながる重要な3大要素として、「最大酸素摂取量(VO2max)が高いこと」「乳酸閾値《いきち》が高いこと」「ランニングエコノミーが高い(ランニングコストが低い）」をあげたうえで、5区で重視するポイントについてこう語る。

「5区は平均で1キロを2分45秒のレベルとかで走るわけではなく、3分を超えるくらいのレベルで走っているわけです。そのために、ランニングコストよりも有酸素パワー系のエネルギー供給をどれだけ高く維持できるかというのが重要な要素になってきます。ランニングエコノミーよりも最大酸素摂取量が高いことが、山を上るのに重要な要素になってくるのは科学的にも間違いはありません」

最大酸素摂取量とは、1分間あたりに体重1キログラムあたりで取り込める酸素の最大量（ミリリットル）のことで、酸素を摂取してエネルギーを供給する能力（有酸素パワー）がどのくらいあるのかを示す数値だ。この数値が高いほうがランニングのパフォーマンスが高いということになる。一般的にはサブスリー（フルマラソンで3時間を切る）レベルでＶＯ２ｍａｘは60―65程度、70を超えるとアスリートレベルだ。

5区は普通に走れることを前提に、自分の体重を874メートルの標高まで上げていく作業が必要になる。そのためには、ＶＯ２ｍａｘの高いことが重要になる。その数値が高いと有酸素パワーを生む能力が高くなるわけだが、とくに坂を上るにはこのパワーが必要になるのだ。

5区は、体重が軽いほうがいいとよくいわれる。

これはVO2maxが1キログラムあたりで示されるとおり、酸素を取り込む能力が一緒であっても体重が軽い方がVO2maxの数値が高くなるためだ。

ただ、単純にそうとはいえない事実があるので陸上はおもしろい。

たとえば、同じ山の神でも柏原と神野は、まったく体格が異なる。

大学時代、柏原は身長174センチメートル、体重54キログラム、神野は165センチメートル、43キログラムだった。体格的にまったく異なるタイプが5区でともに区間新記録を出し、神になったことは、何が要因として考えられるのだろうか。

岡﨑教授はこう語る。

「柏原さんは、神野さんと比べて筋肉量が多く、体重も重いので出力パワーはありますが、効率よくエネルギーを燃焼させていく部分では、神野さんよりも若干劣るのかなと思います。ただ、当時の柏原さんのデータがわからないので、断言はできませんが、おそらく有酸素パワーが絶対的に非常に大きく、体重あたりの最大酸素摂取量も非常に高いので、スピードの維持ができたのだと思います」

通常、最大酸素摂取量が100パーセントだとすると、マラソンではだいたい80パーセント弱くらいで走っているケースが多いが、箱根の5区は85パーセントから90パーセントのレベルを維持して走っているという。

80パーセントくらいだと余裕をもって走れるが、90パーセント近くに達する場合、それを維持して押していくのはどんどん難しくなる。最大値が高ければ高いほど同じペースで走っているときより楽に、低いパーセンテージで走ることが可能になる。すなわちVO2maxが高いほど有利になるのだ。くわえて柏原は高いパーセンテージでも同じペースを維持する能力が高かったと岡崎教授は見ている。

だが、5区は、VO2maxだけが良くても上れない。

岡崎教授は言う。

「身体的に必要な要素としては、5区は平地で走るよりも前傾の姿勢になるので、そのフォームを長い時間、維持するため、また体重を頂上に向けて上げていくための筋力が必要になります」

この点でいえば、柏原は肉体的に非常に発達した筋肉を保持していた。

フォームを維持できないと走る際の効率が悪くなり、エネルギーの無駄な消費につながって後半の走りに影響が出てきてしまう。

また、筋力が足りないと地面を推しても反発する力を受け止められず、パワーが出ないのでスピードが伸びなくなる。有酸素パワーと高い筋力がパフォーマンスの優劣を決める要素であることは、平地も5区同じだが、より高いレベルにないと、5区ではハイパフォーマンスを発揮できないということだろう。

必要となる2種類のメンタル

今井、柏原、神野をはじめ、大学で指導している監督が、5区で起用する選手に必要な要素として重視しているのが、メンタルの強さだ。

「山は、坂が厳しいのもありますが、応援が途切れたり、単独で走ることが多いので、通常の練習のなかで集中力が切れない、離されてもいいから最後まで粘りきれるメンタルの強さが必要です。走力も大事ですが、僕はまずはそこを重視します。山は精神的にプツンと切れてしまうと、上れなくなって大きなブレーキになります。あとは、上りは好きというところまでいかなくても、不得意に思っていない選手ですね」

神奈川大学の大後総監督は、そう語る。

岡﨑教授は、メンタルで本質的な生理学的運動能力が大きく変わることはないと前置きしたうえで、こう話す。

「最大酸素摂取量に対して高いパーセンテージを維持して走ると、かなりきついんです。それをどこまで維持できるのかというのは、生理学的なものを超えてメンタルの領域に入っていきます。いわゆるあきらめないとか、強い気持ちですね。それは数値化できないものですが、心理的な要素は重要だと思います」

メンタルは、2つの要素があるように思える。

ひとつは、チーム事情や選手層が薄いために望まないのに指名されることもあるが、それをポジティブに受け止められるかどうか。

ポジティブに受け止められるメンタルがあれば、思考や行動の選択を広め、レースの準備により集中していくことができる。

今井は、このポジティブな姿勢が重要だと考えている。

「僕は、5区をやりたいと思って入学したわけではなく、2区で他大学のエースと勝負したいという思いのほうが強かったです。でも、大学に入学してからは、みんながイヤだというならその区間で活躍してやろう、むしろ他人に差をつけるチャンスがあると前向きに考えていました。また、後輩にも強いメンバーが入ってきたので、優勝するには自分がいくべきだと考えました」

今井は、ポジティブに受け止めたことで積極的に5区の厳しい練習に取り組み、レースで結果を出すことができた。

どの区間を走ってもきついのは変わりないが、そこで粘って結果を出せるかどうかの分水嶺は気持ちによるところが大きい。

大後前監督は、「犠牲心のメンタル」が大事だという

「山は決して楽な区間ではないので、そこに置かれた選手は、本当は平地区間を走りたかったと思っているかもしれません。でも、チームのメンバーを見て、箱根は自分が5区を走るべきだなとポジティブに考え、チームに貢献するメンタリティがないと走れないんですよ」

自分を犠牲にしてチームのために走るというメンタルは、団体競技には不可欠な要素でもある。そういうメンタルをもった選手がひとつになったとき、チームに一体感が生まれる。

もうひとつはレース中、我慢して、あきらめずに戦えるかというメンタルだ。

これは、誰にも負けない豊富な練習量や、レースで結果を出してきた自信の裏付けにより、「自分はできる」というポジティブな自己像が構築されることで醸成される。それがしんどいとき、踏ん張ってファイティングポーズを取る際のメンタルになる。

神野は、「耐えるメンタル」が重要だという。

「5区は、本当にメンタル勝負です。たとえば第99回大会の2区で、駒澤大学の田澤廉（トヨタ）が先頭を走っていた。中央大学の吉居大和（トヨタ）が追いついたけれど、1回離された。そのとき、青山学院大学の近藤幸太郎（SGH）が吉居に追いつき引っ張った。最後、復活した吉居が田澤を抜いたんですけど、5区ではそれがないんです。抜かれたら、そのまま落ちていきます。2区のように山には回復材料がないので、一度メンタルをやられると落ちていく。そこで踏ん張れるか、そして抜いていった選手は上りきるまで我慢できるか。それは、もうメンタル勝負ですね」

神野の我慢強さは、青山学院大学のチーム内の誰もが認めていた。そのくらいの強いメンタルを保持できているかどうか。この点からいっても山で輝くというのは、容易ではないことがうかがえる。

山の魔物に襲われないための準備

コースの定点観測となるポイントは、スタートから函嶺洞門までの3・6キロメートル、函嶺洞門から大平台までの3・4キロメートル、大平台から宮ノ下までの2・3キロメートル、宮ノ下から小涌園前までの2・3キロメートル、小涌園前から最高到達地点までの4・5キロメートル、最高到達地点から元箱根までの3・3キロメートル、元箱根から芦ノ湖湖畔までの2・1キロメートルになるだろう。大学によっては、小涌園前から芦之湯までの4キロメートルでタイムを取るところもある。

選手は、ポイントからポイントまでの設定タイムでいけるどうかを確認しながら上っていく。各大学ともポイントごとのタイムをそろえており、区間新を出したときや平均のタイムなどをデータとして出して、選手とスタッフで共有していく。

「スタート前、まず、気をつけないといけないのは、小田原と箱根の最高到達地点の寒暖差です」

岡﨑教授は、そう指摘する。

5区を出走する選手のユニフォームは、それぞれだ。

今は、最高到達地点に観測員を配置し、常時、気温の情報が入ってくるようになったので、以前のようにユニフォームの選択をミスすることが少なくなった。

寒暖差は、パフォーマンスにどのように影響するのだろうか。岡崎教授はこう語る

「たとえば、小田原が気温5度で最高到達地点が0度だとします。体感は風の影響も受けますので。風が吹いている場合だとさらに体感が下がるので、その場合、15度くらいの温度差を感じるものと思います。細身で筋肉量が低い選手の場合、体温が下がる可能性が高くなりますね。寒さの影響で予定のペースよりもダウンすると、筋肉でつくられるエネルギー量が減るので、思いのほか体温が上がらず、低体温症気味になってしまう。そうなると、筋肉の収縮をコーディネイトできなくなり、うまく走れなくなります。寒暖差にしっかりと対応していくことは非常に重要です」

箱根は、山だけに天候が変わりやすく、小田原が曇りでも上っていくうちに風雨にさらされるケースが多々ある。雨でからだが濡れている場合はさらに体温が下ってしまう可能性がある。

その場合、体にクリームを塗ったり、ゼッケンを食品用ラップフィルムで覆って腹部を冷やさないようにしたり、ランシャツではなく、Tシャツにアームウォーマーを

着用してウェア対策をしたりするなど、寒さ対策が必要になる。

そうした対応をしっかり取るために、山の情報取得による事前準備が重要になってくる。ここを軽視すると、山の上で痛い目にあうことになる。

リズム、ペース、勝負どころの見極め

スタートすると、箱根湯本まで緩い坂が始まる。

調子がいいとき、悪いときがあるが、リズムを刻んでいくなかでは、「あまりスピードを上下させないほうがいい」と今井は言う。

「最初は、突っ込まないこと。それが大前提です。自分のリズムをつくり、それを崩さないで上っていく。リズムというのは、平地のリズムをどこまで刻めるかということです。うまくいかない、リズムがうまく取れないときは、声援が途切れたときや大平台から宮ノ下に行くまでの途中のなだらかな坂で自分の呼吸や足音を聞いて、リズムを修正していきます」

神野も自分のリズムの重要性を語る。

「上りで人と走ったほうがいいのは、最初の数キロメートルだけです。坂で人のリズムに合わせてしまうと、途中で自分の閾値を超えることがあるんです。限界を超えると落ちてしまう。だから、人にリズムを合わせず、自分のリズムで上ったほうがいいんです」

なぜ、リズムが重要なのか。

上りは大量のエネルギーを消費するので、リズムを一定にすることでエネルギーを効率よく使い、心拍への負担を軽減することで疲労を最小限にできる。その際、今井の言葉にあるように呼吸と足音を合わせることがポイントになる。

箱根では観衆の声援で自分の呼吸音すら聞こえなくなるが、それを静かな場所や比較的平坦な道で確認するのは、5区を走る選手にはとても重要だ。今井はこう続ける。

「柏原君も神野君も、第100回大会で5区を走って区間新を出した山本君、青山学院大学の若林（宏樹）君も体の使い方、膝や足首の使い方がほかの選手と違うと思うんですけど、僕も含めてみんなに共通しているのは、『上っているぞ』という感覚で上っていないんです。難しい表現ですが、上っているんですけど、平地を走る感覚で上っているんです。僕は、日頃から平地の走りが上りでどこまで続くのかを意識していました。僕はその感覚で上れますし、急坂になっても意識は変わりません。リズムにうまく乗れないときは上ろうと思っているときで、いいときは上りを意識せずに上っていけるんです。負荷は変わりますけど、平地のリズム、自分のリズムでどこまで刻めるのか。それをすごく重視していました」

今井の言葉は、坂を上るための多くのヒントを含んでいるように思えるが、さらに勝つためには「休まないこと」だという。

「宮ノ下の富士屋ホテルがある付近は、ちょっと平地になるところがあるんです。あそこで1回休んでという感じで行く人が多いと聞きましたが、僕は休まなかった。ピッチを上げることも落とすこともなかった。そこで一度休んでしまうと、また上るぞとなったときにきつくなるんです。そこで休まず、上りのピッチをつくっていくほうがうまく上っていけるんですよ」

坂はきついので、どうしてもどこかで一息ついて次の坂を、と考えがちだが、一度休むとリズムをつくるのは難しくなる。ここまで来たら次、次と目標物をクリアしていく感覚で上りをつないでいくほうが、気持ち的にも肉体的にもダメージを最小限にして上っていけるということだ。

神野も止まらないことが大事だという。

「5区は、一度、ペースが落ちたらメンタルがやられるので、途中からのペースアップはほぼ無理です。よく運営管理車から『ここ、上げていくぞ』とか選手に声をかけていますけど、選手からすれば、ここから上げるのは無理だと思っています。5区は自分のペースが落ちてしまうと、あとは落ちていくだけ。だから、いかに落ちないように自分のペースを大事にして、流れのまま上りきるのかが重要です」

そのためには「ギリギリを攻めること」が重要だと神野は言う。

「自分の限界を超えないギリギリを攻めること。坂を上っていくなかで、このペースで行くと限界を超えてしまうと思ったら、いきすぎないようにあんばいを調整しながら走ることが大事です。そのために坂で練習をして、自分の限界を把握しておかないといけない。僕は、自分のリミッターを超えずに限界の瀬戸際をずっと攻め続けることができる力が高いと自負しています。今井さん、柏原さんもそうだと思います」

山を上る戦術は個々の選手で異なるが、勝負のポイントになるところは、指導者も選手もほぼ一致し、共有している。

神奈川大学の大後前監督は、小涌園までは、『山の神』レベルの強いランナーがいなければ、それほど差が開かない。勝負を決めるのは、その先にあるという。

「小涌園のところまでは、体調さえ悪くなければそれなりにもっていけます。でも、そこからさらに上りきったところにある芦之湯の昔のガソリンスタンド（実際は会社事務所）までの間で差がつくようです。小涌園からはやっぱり疲れが出てくるところですし、そうなると体が浮いてきて、ペースダウンしてしまう。そこでペースを落とさずに維持していけるかが、5区を制すには大事なポイントになってきます」

神野は、小涌園から最高到達地点の4・5キロメートルがもっとも重要だという。

「宮ノ下、小涌園までは、どんなペースで押してもいける。そこまでは、我慢すればなんとかもつんです。でも、小涌園から最高到達地点までの4・5キロがきつい。戦略的に上りではなく、下りに入ってからが勝負と考える選手もいますけど、僕はそれでは5区は勝てないと思います。青山学院大学でも過去、山を走ってうまくいかない選手がいましたが、話を聞くと、勝負の4・5キロでタイムを落としても下りで勝負すればいいという考えでした。今井さん、柏原さん、僕ら3人とほかの選手でいちばん差が開いていたのは、小涌園前からの4・5キロメートルでした。下りで勝つ確率よりも、この4・5キロメートルを我慢して落とさないで走れば、自然と差は開いていくし、前との差は詰まっていきます」

神野は、区間新を出したとき、大平台から宮ノ下付近は10~20秒しかほかの選手と変わらないが、4・5キロメートルの区間で1分以上の差を開くことができたという。

まさに、タイムが良い選手の共通点が、この区間でのラップだった。

2021年の第97回大会、東洋大学の宮下隼人が並走していた駒澤大学の鈴木芽吹を突き離したのも、この区間だった。2020年の第96回大会で区間新記録を出した経験者は、勝負所を心得ていたようだ。

ただ、ここで勝負が終わるわけではない。上りはもうひとつだとしても、下りで力を発揮する選手もいる。今井は、ラストの下りが順位を決める勝負になるという。

「下りでしっかりと切り替えた人は、30秒から1分は稼げると思うんです。僕は上りを85パーセントから90パーセントの力を使って上っていました。体はきついのですが、ラストに余力を残しているという気持ちでいたので、思い切って下っていけました」

今井は上りのスピードが驚異的といわれたが、実は上りプラス下りのトータルで記録を出していたのだ。

上りも下りも強ければ、神になれる可能性は一段と高まるが、柏原と神野は、それほど速くはない。むしろ苦手だった。だからこそ上りに集中した。神野はこう語る。

「僕は、下りは得意じゃなかったです。後傾して走ってしまうんですが、なぜか解説者にはタイムが良いので下りも速いって褒められましたけど、実際は全然です。どちらかというと苦手で、僕は最後の5キロを14分32秒で、柏原さんも14分35秒で変わらない。でも、区間新を出せた。下りでがんばるという人もいるけど、それはムダかなと。下りは耐えられるし、がんばれる。別モノなんです。だから、小涌園から上りきるところまできついけど、全力で行ったほうがいいです」

5区は、探りや駆け引きなど平地区間に見られる戦術的なものは必要ないのかもしれない。ただ、自分を信じて上る。

自分との究極の根競べの場だ。


これから「山の神」は生まれてくるのだろうか。

3人の「山の神」がフォームもタイプも異なるように、どんな選手が「山の神」になれるのかを限定するのは現実的ではない。たぶん、能力的に必要な要素がそろっていれば、誰にでもチャンスはある。だが、平等ではない。

5区で区間新をマークし、チームを優勝に導く――。すべてのピースがそろわないと、その称号を得られないことを考えると、20チーム中、数校の選手に限られる。

「そのなかでも4代目の可能性があるのは、初めて5区を走る選手です。2回、3回と5区を走る人もいますが、コースを熟知しているので、そういう人はわりと慎重にいく。でも、初めて走る選手は自分のペースを信じて思い切りいくしかない。僕は、上位を狙える大学で、初めて5区を走る選手にチャンスがあると思っています」

神野は、4代目の可能性について、そう語る。

先人たちの走りを念頭に置けば、山の神に愛されるのは、5区に敬意を払い、自分を高め、速さの概念を変えて山を駆けた選手だ。20・8キロメートル間で、少しでも気を抜けば山の神は、離れていく。

新たな神の伝説を綴るのは、いったい誰になるのだろうか――。

特別鼎談

僕たちと箱根5区

——みなさん、自分以外の2人のことを、どう見ていたのでしょうか？

柏原　今井さんは、全国都道府県駅伝でお会いしたとき、高2の柏原竜二からすると、もう大スターみたいな感じでした。

神野　僕は、まだ陸上をやっていないころだったので、生《なま》で今井さんの走りは見ていないんです。陸上を始めて、箱根を見るようになって「山の神」の存在を知りました。

今井　神野君、僕といくつ離れているの？

神野　9歳です。

今井　僕が大学4年生のとき、神野君は中学生くらいですね。

神野　そのころは、クラブチームで軟式野球をしていました。

柏原　僕と神野君の共通点は、ともに野球経験者。僕はソフトボールでしたけど。

神野　5区を走った人で野球チームをつくりたいですね。

柏原　いいですねー。監督は、金哲彦さんで（笑）。

今井　（笑）。柏原君が1年生で5区を走ったとき、僕はゲスト解説だったんです。彼が高2のとき、都道府県駅伝の帰りに「今井さん、5区ってどんなところなんですか」という会話からスタートしたのですが、それを実現してくれたんだなって思うと嬉しかったですね。5区の区間記録を抜かれたときは、自分ってそんなに速くなかったんだなぁという思いと、柏原君に抜かれて良かったという思いが同居していました。

柏原　僕が走る前年に、早稲田の駒野さんが今井さんの記録に7秒差まで迫ったときは、「抜かないでくれ、自分に勝負させてくれ」って思っていたんですよ（笑）。

今井　1年後、やったからね。有言実行のやる男です（笑）。

柏原　今井さんのおかげです。今井さんに質問したとき、「5区はやりがいのある区間だよ」と言っていただいてから、もう5区しかないと思っていました。あのとき、今井さんに聞いていなかったら、たぶん5区をやっていなかったと思います。

今井　柏原君のためになることを言えて良かったよ（笑）。

神野　柏原さんが箱根を走ったときは、僕がちょうど陸上を始めたころで、まだ箱根駅伝を走ることも5区を走ることもまったく想像していなかったです。そういうなかで、箱根駅伝をテレビで見ていたんですが、「すげぇ人がいるな。山道をこんなに速く走れる人がいるんだ」と思いました ね。ただ、こういうふうになりたいとかいう次元にまだいっていなかったです。

柏原　安心して。僕も今井さんを見て、最初、そう思っていたから（笑）。

今井　神野君が出てきたときは、「この選手どこまでいくんだろう。最後までもつのかなぁ」と思っていたら、飛び跳ねるようにスイスイ上っていくんで、「これ（区間新）いくよね、いくよね」って感じでした（笑）。それまで僕のなかでは柏原君の記録は、当分抜けないと思っていたので、神野君が超えたときは本当に衝撃的でした。あのとき、前日に雪が降ったんだよね。

神野　そうなんです。積雪で、凍結して、寒さもありました。

今井　僕が大学2年で走ったときも、前日は雪だったんです。記録は、気温とか条件に恵まれないと出ないので、もしかすると天候とかのコンディションが僕のとき同じ感じだったのかなと思いました。

柏原　僕も今井さんと同じ印象で、神野君は飛び跳ねているような走りで、動いているなぁって思っていました（笑）。あと、すごく勝負を楽しんでいる印象がありました。

――自分の記録を抜かれるのは、気持ち的に複雑ですか。

今井　僕の場合は、柏原君に1、2秒更新されたわけじゃなくて、30秒以上縮められたので、ああ2年目で抜かれちゃったなぁって感じで、わりとスッキリしていました。

柏原　神野君に抜かれたときは、最初はちょっとやられたなぁ、悔しいなって思いました。でも、もう箱根を走れるわけではないですし、いつまでも悔しさを引きずってもしかたない。ただ、自分を納得させる部分が必要で、そういう意味では往路4回勝ちましたし、優勝も3回できたので、それがあれば十分かなと思っていました。

――神野選手は、走る前から「柏原さんの記録を抜いて神になる」と自分のなかで宣言していたと聞いています。

神野　そうですね。原（晋）監督からも、「なれる」と言われていましたけど、それほど自分に期待はしていなかったです。僕は自分の記録よりも優勝したかったので、みんなの盛り上がりに助けられた感がありました。4年のときはケガをして、前年よりも3分以上遅いタイムでしか走れなかったので、4回往路優勝し、4年目も区間新を出した柏原さんとは、強さが違うなって僕は感じていました。

柏原　自分に期待していないというのがいいですね。今井さんは、どうでしたか。

今井　期待していないというよりも、べつにそこまで走れると思っていない状態でスタートしたって感じですね。最初のときは15位で、後ろを見たら4、5人しか残っていない。これ、ヤバいぞって思って、それから必死でした。

柏原　僕も1年のときは必死でした。でも、4年のときはスタートして500メートルくらいのところかな。酒井（俊幸）監督に「いいか。今日、ちゃんと締めるのがおまえの仕事だぞ」と言われたんです。信頼している人に後ろから声をかけられると、動きが良くなりませんか。

今井　監督車からの声って、そのときどきで反応しているので聞こえてはいるんですけど、何を言われたのか、さっぱり覚えていない（苦笑）。僕の場合、前を追いかける展開が多かったので、「前と何秒差だぞ」とか、そういうことを言われていたと思うんですけど、走っているときはゾーンに入っているので、耳に入ってこないんです。

柏原　（笑）。1年のとき、佐藤（尚）監督代行に「最初、落ち着いていこう」と言われたんですが、突っ込んで入ると1キロを過ぎたときに「もういい。おまえの好きにしろ」と言われました。こいつは話を聞かないから、こっちも何も言わないって感じで言われて、それは覚えています（苦笑）。

神野　僕は、原さんの言葉は「このまま行け」と言われたのしか覚えていないですが、駒澤大学の大八木（弘明）監督の声は聞こえました（笑）。馬場（翔大）選手に途中で追いついたとき、大八木さんが「いいか、追いつかれてからが勝負だぞ」と声かけしたんです。そのとき、その言葉は僕に言っているんだ。それを自分の励ましの声にして、相手を抜きました（笑）。

――3人は、エースでした。優勝を目指すチームにおいて、エースという存在をどう考えていましたか。

柏原　強いチームは、エースをみんなで追い越すみたいな環境だと思うんです。僕らのときも同期は、「柏原をどうやって目立たなくさせるか」みたいな感じでした。4年のときの箱根なんて、3区の山本（憲二）に「俺でトップに立ったから、もうおまえがやることないよ」って言われましたからね（笑）。

今井　4年のとき、僕が5区で4分差を逆転したら、9区の長門（俊介）とアンカーの松瀬（元太）に「あぁ、おもしろくねぇな。俺らで逆転して、おまえよりも目立とうと思っていたのに」って言われた（苦笑）。その2人とも区間賞を獲っているんですよ。べつに仲が悪いわけじゃなく、チーム内にそういうメンバーがいるというのはすごく心強いですし、勝つときのチームってそういうものなんだろうなって思いました。

柏原　僕も言われましたよ。4年のとき、往路優勝して、早稲田に5分7秒差つけたんですよ。そうしたら「5分差かよ、そんだけ差つけて、ふざけんなよ」って（笑）。

神野　僕は、エースって感じではなかったですし、どっちかというとけっこうみんなに助けられました。とくに4年のときは、ケガしていたので、みんなが「神野のために貯金をつくろう」という雰囲気になって、実際、みんな2分半くらい貯金をつくって来てくれたんです。「最後、がんばって走ってください」って感じになったとき、ちょっと感動しました。

柏原　4年のときの同期とか、バチバチ感なかった？

神野　なかったですね。

柏原　僕らは、もうギラギラ、バチバチしていました（苦笑）。もう本当に負けたくなさすぎて、普通に口きかないですからね。そこで足を引っ張り合うとか、悪いことするんじゃなくて、純粋に競技力で負けたくないんですよ。敵なんですよ、情報交換とかいっさいしないですからね。でも、今は仲が良いです（笑）。

今井　自分たちも前年にエース級の選手が入ってきて、自分たちの代も「あいつには絶対に負けない」みたいなメラメラしたものがありました。でも、3、4年になると、お互いのことを認められるようになって、「でも負けないぞ」という意識をもっていたので、チームとして伸びる環境になっていたと思いますね。

――もし、3人が同時にスタートを切ることになったら、どのように戦いますか？

今井　イヤですよね（苦笑）。たぶん、僕は、ずっと後ろですね。最初は、多少離されてもいいから自分のペースでいく。それが僕のスタイルなので。2人と一緒に行ったら大平台か宮ノ下あたりで僕は消えますよ（苦笑）。ゴールできないんじゃないかな。

神野　5区は、自分のスタイルにもっていけるかどうかが大事なので、3人でスタートしたとき、2人にそのスタイルを崩されたら落ちていくと思うんです。きつい坂が続くのでそれを我慢するためには、やっぱり自分のレースにもっていけるかどうかがすごく大事だと思いますね。

柏原　たぶん、2人はすごくクレバーに走ると思うんですけど、僕はもう突っ込むことしか考えないですね。それで振り落としていくというのを大学時代からずっとやり続けてきたので。駅伝はチーム競技なので監督の意図や意思が入ってきますのでそういうことを考えると難しいですけど、やることはひとつ。14分30秒で入って、全力で振り切る。

今井　5区は山だけではなく、ゴールまでが勝負なので、僕はもうゴールで勝っていればいいかなって感じです（笑）。でも、5区って往路の終わりだけど、中間点なんですよね。僕がガッツポーズしてゴールテープを切ったら、当時、監督だった仲村（明）先生に「あれで、2秒損したな」って言われたんです。

柏原　でも、普通しちゃうじゃないですか。

今井　そうなんですけど、なぜ、そう言ったのかというと、5区は中間点だから。「全日本大学駅伝の4区、5区の選手がそれをやるのか」と言われたのが、すごく印象的だったですね。

柏原　たしかに、そう言われるとガッツポーズできなくなりますね。でも、僕はゴールテープを切るとき、何も考えていなかったんですよ。やべぇ、どうしようって思っていた。

神野　僕は、とりあえず最後に右に曲がったときに右手を上げるのだけは考えていました。それは前年に、設楽（啓太・東洋大学）さんがやっていたんですけど、あの瞬間がたまらないだろうなって。もうラストの150メートルくらいはボーナスタイムみたいでしたね。

柏原　もうスターだよね（笑）。

神野　そうなんですよ。そこで一気に自分に注目が集まる瞬間なので（笑）。

柏原　最後、右に曲がっても、手を上げてから少し間があるんだよね。

神野　時間があるから最後に手を上げるまでいろいろやっちゃっていました。

今井　僕は、そういうのは考えなかったですね（苦笑）。僕が勝ったときのポーズって、マラソンのときもそうだったんですけど、両手を上げるんですよ。癖なのか、どうかわからないんですけど、自然と出ちゃうんですよね。だから、このときもそれをやって、監督に言われたんです。まぁ、それも自分のスタイルなんですけど。

――3代目以降、「山の神」が出てきていません。4代目誕生の条件は何になりますか。

神野　「山の神」になるための条件は、僕はひとつあると考えています。僕の結果を見ると、区間2位のダニエル・キトニー（日本大学）との差が2分30秒だったんです。柏原さんが4年のときも、2位の大江（啓貴・明治大学）さんと2分55秒の差、今井さんも4年のとき、2位の尾籠（浩孝・明治大学）に2分34秒差をつけていました。今年（2024年）、山本（唯翔・城西大学）選手がいいタイムで走りましたけど、2位の若林（宏樹・青学院大学）選手と18秒差でした。やはり、神になるには2位に1分以上の差をつけて勝つしかないかなと思っています。

柏原　アカデミックな回答でわかりやすいですね。僕が言うと、4年間、区間賞を獲り続けるというというのがいちばん厳しいことになってしまう。

神野　該当者なしの時代が続きますね（苦笑）。

今井　「山の神」になる条件はタイムでいうと、たとえば襷をもらった順番や当日の天候とか、個々に合う条件が必要だと思うんです。僕の場合、追いかけるほうが闘争心を掻き立てられるんですが、でも、柏原君は追いかけるのも強いし、4年のときはトップでもらっても区間新を出した。条件とか関係なく、強いな、すごいなって思っていましたね。

柏原　あのときは、ラクに走らせてもらいました（笑）。タイムも結果も、僕が思うに1日でも長く山や坂と向き合っていられるかどうか、だと思うんです。ただ、向き合うだけもダメで、自分の走りをするのが絶対条件だと思います。山本君は、1年目走って、2年目はさらに上げてきた。2年目のジンクスってよく言われるけど、そうならなかったのは、山と向き合ってきた時間が長く、今日は自分の走りをしようとしたからだと思うんです。でも、「山の神」なんて、正直、10人くらいいると思います（笑）。みんなが認めればいいだけの話だと思いますよ。

僕は、もう早く「七福神」になればいいと思っています（笑）。

神野　今3人ですけど7人になって、あと2、3人増えると野球チームがつくれます。

柏原　そこですよ。もう、それがわれわれの目標ですから（笑）。

特別鼎談
僕たちと箱根5区
公開収録アーカイブ配信!

佐藤俊（さとう・しゅん）

1963年３月５日、北海道生まれ。青山学院大学経営学部卒業後、出版社を経て1993年、フリーランスとして独立。サッカー、陸上を中心に、ジャンルを問わない、仕事は断らないがポリシー。波乗りとマラソンを愛す。著書は、『稲本潤一1979-2002』『宮本恒靖 学ぶ人』（文藝春秋）、『箱根０区を駆ける者たち』（幻冬舎）、『箱根奪取 東海大・スピード世代 結実のとき』（集英社）など著書多数。

装　丁　坂井栄一（坂井図案室）
校　正　月岡廣吉郎　安部千鶴子（美笑企画）
組　版　キャップス

編　集　苅部達矢

箱根５区

第１刷　2024年11月30日

著　者　佐藤俊
発行者　小宮英行
発行所　株式会社徳間書店
〒141-8202　東京都品川区上大崎３-１-１
目黒セントラルスクエア
電　話　編集(03)5403-4344／販売(049)293-5521
振　替　00140-0-44392

印刷・製本　株式会社広済堂ネクスト

ISBN978-4-19-865918-9